Primera Guerra Mundial

Una guía apasionante de principio a fin

Tabla de contenidos

Introducción

La Gran Guerra, que duró de 1914 a 1918, fue calificada en Europa como la «guerra para acabar con todas las guerras». Con un número total de bajas que osciló entre catorce y veinticinco millones de personas, la historia recordaría la Primera Guerra Mundial como una de las más mortíferas y, al mismo tiempo, como una de las guerras más influyentes de la historia. El mundo esperó mucho para ver este conflicto de cuatro años de duración, ya que estaba experimentando rápidas transformaciones fundamentales en todos los grandes ámbitos de la vida. De hecho, como las raíces de la guerra eran tan profundas, yacían en rivalidades históricas y estaban alimentadas por el deseo de venganza, la Primera Guerra Mundial tuvo inmensas consecuencias para el orden internacional. La lucha que comenzó en junio de 1914 en Serbia se extendió rápidamente por todo el mundo debido a los complejos lazos políticos y culturales. Estos lazos eran un rasgo subyacente de un mundo del siglo XX cada vez más globalizado, caracterizado por la creciente importancia de la política de poder y el afán egoísta de las superpotencias europeas por asumir el dominio sobre sus homólogas.

Fue este afán el que provocó que la guerra alcanzara niveles nunca vistos, a pesar de que Europa ya había experimentado la guerra muchas veces antes. La guerra superó las expectativas de todos; el tenso pero frágil orden internacional fue solo uno de los factores por los que se hizo referencia a la guerra como «la que acabaría con todas las guerras». Además, los avances tecnológicos de la época contribuyeron a esta caracterización icónica de la Primera Guerra Mundial. Las grandes naciones habían logrado avances significativos en lo que respecta no solo al civismo, sino también a la tecnología militar, y la rápida militarización que siguió al periodo relativamente pacífico de finales del siglo XIX alcanzó su punto álgido cuando estalló la guerra. Así, en 1914, el mundo se había militarizado cada vez más. Las naciones se habían vuelto recelosas unas de otras, a causa de una cantidad de complicados factores que se explorarán a lo largo de este libro.

Irónicamente, la Primera Guerra Mundial solo se convirtió en «la Primera» tras los acontecimientos de la década de 1940, en los que el mundo volvió a sumirse en el caos. La Primera Guerra Mundial no «puso fin a todas las guerras» como muchos, incluidos los vencedores, habían predicho. Lo que surgió de los restos de las ciudades fue un sistema global aún más intrincado, en el que los vencedores de la guerra disfrutaban de diversos privilegios mientras que los perdedores eran aislados a propósito y se los hacía sentir culpables de los problemas que habían causado. Las naciones vencedoras intentaron introducir cambios que garantizaran la paz y la estabilidad, pero, como el tiempo demostraría, sus esfuerzos fueron en vano. El orden internacional que se estableció inmediatamente después de la Primera Guerra Mundial apenas duraría treinta años. Sus intentos fracasaron estrepitosamente, y la rápida desintegración en otra guerra mundial en 1939 hizo que todo el mundo se diera cuenta de que el modelo adoptado después de 1918 era fundamentalmente defectuoso. Se basaba en la redistribución del poder a expensas de millones de personas que vivían en las naciones que perdieron la guerra. Las penurias que padecieron los perdedores fueron explotadas eficazmente por los vencedores, pero nadie pensó que sus acciones producirían otro conflicto, uno que empequeñecería a la Primera Guerra Mundial en casi todos los aspectos.

Este libro pretende explorar la Gran Guerra de principio a fin mediante un relato cronológico de los acontecimientos relevantes que influyeron en el conflicto. En la primera parte, nos adentraremos en las causas exactas del inicio de la guerra, profundizando en el aumento de las tensiones emocionales y políticas entre los países. Describiremos la historia que hay detrás de la distribución del poder en Europa, así como la carrera armamentística que precedió a la Gran Guerra y que dio lugar a su rápida escalada.

A continuación, el libro cubrirá el estallido real de la guerra armada, proporcionando una visión general de cómo fue la guerra desde los dos bandos enfrentados y qué estaba en juego. Se discutirán y analizarán los acontecimientos clave y las características generales de la primera parte de la guerra. A continuación, el libro se centrará más en la evolución militar del conflicto, repasando en profundidad los relatos de las batallas más importantes que tuvieron lugar, hasta llegar al sangriento punto de inflexión de la guerra, unos dos años después de su comienzo, y a los acontecimientos fundamentales que determinaron el resultado final. Por último, el libro analizará el último año de la guerra y evaluará su conclusión e impacto. Los acontecimientos que condujeron y siguieron a la Conferencia de Paz de París son vitales para comprender realmente los efectos duraderos que la Gran Guerra tuvo en el mundo.

Primera parte: Tensiones subyacentes

Capítulo Uno - Alemania contra Francia: Cualquier excusa para la venganza

Este capítulo explorará la dinámica de poder establecida en la Europa continental en la última parte del «largo siglo XIX», un periodo de inmensa importancia que se extiende desde la Revolución francesa hasta el comienzo de la Gran Guerra. Los acontecimientos que tuvieron lugar durante esta época están tan entrelazados que es imposible hablar realmente de ellos como entidades separadas, ya que todos se influyeron mutuamente de diferentes maneras. Desde el final de las guerras napoleónicas hasta la unificación de Italia y Alemania, los acontecimientos que tuvieron lugar son fundamentales para comprender las raíces de la Gran Guerra. Este capítulo abordará esos acontecimientos y se centrará después en la rivalidad que se desarrolló entre Francia y Alemania y en la precaria posición en la que ambos bandos se veían antes del inicio del conflicto.

El largo siglo XIX

El periodo comprendido entre la Revolución francesa de 1789 y el inicio de la Primera Guerra Mundial en 1914 se conoce entre los historiadores como el «largo siglo XIX». Esto se debe a que se cree que la Revolución francesa inició un cambio masivo en la forma en que los europeos veían la política. La monarquía francesa fue derrocada por el pueblo debido a que ignoraba cada vez más las necesidades y derechos de la mayoría de la población en favor de la nobleza y el clero. El movimiento que se inició en Francia se extendió rápidamente por toda Europa, dando lugar finalmente al nacimiento del nacionalismo, que se convirtió en un factor impulsor de la formación de muchos Estados europeos durante el siglo XIX. Como resultado, cada vez más naciones europeas empezaron a formar sus propias identidades definidas y a establecer estados-nación fuertes.

Y lo que es más importante, tras la derrota de Napoleón Bonaparte en la década de 1810, el Congreso de Viena determinó el futuro de Europa. En 1815, el Congreso de Viena reorganizó la dinámica de poder de Europa y trazó nuevas fronteras tras los esfuerzos militares de Napoleón. Las negociaciones, dirigidas por representantes de las cuatro «grandes potencias», Rusia, Gran Bretaña, Austria y Prusia, fueron quizá el primer esfuerzo real de Europa por lograr la paz y la estabilidad a largo plazo en el continente. Francia fue despojada de sus recientes conquistas territoriales, remontándose a las fronteras anteriores a Napoleón, y en su lugar se reconocieron oficialmente múltiples estados nuevos. Principalmente, se estableció la Confederación Germánica, entidad que incorporaba varios territorios alemanes, incluidas partes de Prusia y Austria. Italia también quedó dividida, con Sicilia, Piamonte y los Estados Pontificios, entre otras facciones italianas, como las más importantes de la región.

Europa en 1815

Un motivo subyacente al Congreso de Viena fue la supresión de los revolucionarios, que se habían hecho frecuentes con la Revolución francesa y el ascenso de Napoleón, quien había afirmado que quería liberar a los europeos de sus gobernantes tiránicos. Todas las grandes potencias estaban dirigidas por monarquías conservadoras que percibían las voces nacionalistas en ascenso como una amenaza directa para su poder. Así, manipulando el orden europeo, lograron reprimirlas con éxito, al menos por el momento.

Los «viejos imperios» de Rusia y Austria-Hungría fueron los principales defensores de los antiguos regímenes y podría decirse que fueron los que más se beneficiaron de su posición reforzada. Gran Bretaña, por su parte, era la nación más estable entre las grandes potencias. Tenía la casa en orden, ya que disfrutaba de un sistema equilibrado entre su parlamento y su monarquía. En general, con el Congreso de Viena, las grandes potencias consiguieron repartirse el continente a su antojo y acordaron llevar a cabo políticas exteriores estables en consonancia con cada uno de sus programas nacionales. Cada una de ellas concibió las diferentes regiones europeas como sus propias esferas de influencia y llegaron por primera vez a un acuerdo para no interferir en los asuntos de las demás.

El auge del nacionalismo y la unificación de Alemania

La Europa central germanoparlante siempre había sido una entidad política extraña y complicada. El Sacro Imperio Romano Germánico incorporó a los pueblos germanoparlantes de Europa Central, pero nunca fue un estado estable debido a una variedad de factores, entre ellos el gran número de unidades políticas más pequeñas que estaban bajo su dominio y la poco clara cadena de mando que existía. Como resultado, las provincias alemanas gozaron en gran medida de independencia, actuando en su propio interés en lugar de unirse bajo un único Estado alemán unido. Así, la posición del Sacro Imperio Romano Germánico se debilitó cuando una provincia se hizo cada vez más poderosa gracias a sus esfuerzos individuales, desafiando al resto por el dominio. Otras grandes potencias de Europa, como Francia y Austria, vieron su propio surgimiento durante gran parte del Renacimiento tardío. Redujeron aún más el poder político de Alemania, ya de por sí desarticulado, al reconocer la amenaza que un Estado alemán unido podía suponer en una Europa cada vez más competitiva.

Así pues, se puede argumentar que el proceso de unificación alemana debió producirse hace tiempo y que los acontecimientos precedentes de principios del siglo XIX fueron su precursor. Napoleón no tuvo que hacer frente a dificultades reales cuando se hizo con el control de los pequeños estados alemanes desunidos. Sin embargo, tras su derrota, las ideas nacionalistas se hicieron más prominentes en todos sus territorios conquistados, incluida la Confederación Germánica. Con el Congreso de Viena, la región conoció un periodo de estabilidad e intentó ponerse al nivel del resto de Europa. Los alemanes se dieron cuenta de que eran un solo pueblo, hablaban una misma lengua y compartían gran parte de la misma historia, dos de los factores más comunes para formar una nación.

Los acontecimientos internacionales aceleraron este proceso; el periodo comprendido entre las décadas de 1820 y 1860 fue testigo de enormes avances socioeconómicos. Por ejemplo, Prusia creó una unión aduanera alemana, en la que todos los estados participantes vieron resultados positivos, reduciendo la competencia entre ellos y allanando el camino para un sistema de carreteras y ferrocarriles aún más interconectado. El intercambio de personas y mercancías se produjo entre los pequeños estados alemanes, mientras que Prusia, en el norte, y Austria, en el sur, se convertían en dos potencias que supervisaban las actividades políticas en sus esferas de influencia.

El dualismo alemán surgido de los enfrentamientos de estas dos potencias rivales decidió el curso de la unificación alemana. Una idea era la solución de la Alemania menor; en otras palabras, una unificación sin Austria. La otra era la opción de la gran Alemania, que incluía los territorios del Sacro Imperio Romano Germánico en poder de Austria como parte de un Estado alemán unificado. El principal problema era que Austria seguía siendo en gran medida un estado absolutista, y la monarquía no estaba dispuesta a renunciar a su poderosa posición. Esto cambió debido a los acontecimientos en Italia, que contribuyeron aún más al renacimiento del sentimiento nacionalista alemán.

En 1859, Piamonte, un estado italiano, con la ayuda de Francia, fue capaz de derrotar a la resistencia austriaca, que había querido mantener su influencia en el norte de Italia. Esto significaba que la supremacía austriaca estaba menguando, algo que quedó subrayado por la decisión del emperador de adoptar una nueva constitución, cambiando Austria a un estado menos conservador. Estos acontecimientos demostraron que un esfuerzo unido daría resultados significativos. Lo que se necesitaba era un líder que allanara el camino para consolidar los pequeños estados alemanes en una entidad política mayor.

Otto von Bismarck
https://commons.wikimedia.org/wiki/File:Otto_Von_Bismarck.jpg

Otto von Bismarck pasaría a la historia como el hombre que creó una Alemania unificada. Como embajador prusiano en París, fue nombrado primer ministro por Guillermo I de Prusia en septiembre de 1862, lo que fue una medida sorprendente para muchos. A los nacionalistas liberales de la comunidad alemana, que habían abogado por una mayor participación del pueblo en las decisiones gubernamentales, no les gustaba Bismarck. Bismarck era conocido por tener un enfoque relativamente conservador de la política, por lo que los nacionalistas no tenían esperanzas de que obtuviera resultados acordes con sus puntos de vista.

Sin embargo, la capacidad diplomática y negociadora de Bismarck hizo que Prusia se implicara cada vez más en el proceso de unificación alemana. Mientras que los nacionalistas liberales se basaban principalmente en la retórica para promover un sentimiento de nacionalismo alemán en la población, Bismarck adoptó un método de «Realpolitik», utilizando los principales acontecimientos en Europa para impulsar el apoyo a la reunificación. Su enfoque inteligente y pragmático de los acontecimientos internacionales situó a Prusia en una posición de mayor poder entre sus rivales.

Con la victoria en la guerra de las Siete Semanas contra Austria en el verano de 1866, Bismarck consiguió debilitar significativamente la posición de Austria. Expandió el reino prusiano mediante la anexión de varios territorios alemanes importantes y formó una nueva Confederación del Norte de Alemania liderada por Prusia. Dejó claro que el proceso de unificación alemana estaba en marcha bajo el liderazgo de Berlín y no de Viena.

La unificación alemana concluyó unos cinco años después con la victoria de Bismarck en la guerra franco-prusiana (1870-1871). La derrota de Austria había supuesto una grave noticia para Francia, que era la otra gran potencia europea directamente afectada por la formación de la Confederación del Norte de Alemania. Una Alemania unificada significaba que la dinámica de poder cambiaría por completo y desafiaría los intereses franceses. Bismarck sabía que Alemania no estaría completa sin la unión de los estados del sur y que lo más probable era que los franceses se opusieran. Así pues, ambas partes esperaban un conflicto inevitable, que finalmente llegó, gracias a la compleja naturaleza de la sucesión de las monarquías europeas. El príncipe Leopoldo de Prusia era considerado candidato al trono español en 1870 y, si llegaba a ser rey, podría amenazar aún más a Francia, país que corría el peligro de verse rodeada por miembros de la familia real prusiana.

En un hábil giro de los acontecimientos, Bismarck interceptó y alteró el contenido de un importante telegrama diplomático, manipulando a los franceses para que declararan la guerra en julio. Motivó a los alemanes para que se alzaran contra la amenaza francesa, ya que se estaban defendiendo a sí mismos. La Confederación Alemana del Norte cosechó múltiples victorias, una tras otra, contra los franceses, que finalmente condujeron a la capitulación de París en enero de 1871.

Cuando las negociaciones de paz llegaron a su fin en mayo, Bismarck ya había aprovechado el impulso patriótico generado por la guerra para que los estados del sur aceptaran unirse a la federación. Francia también cedió el control sobre los territorios de Alsacia-Lorena y se vio obligada a pagar cinco mil millones de francos en concepto de reparaciones. Cuando los estados del sur de Alemania se unieron a la confederación para formar un poderoso Imperio alemán unido, el káiser Guillermo I fue proclamado oficialmente primer emperador alemán en el Palacio de Versalles, lo que supuso un agravio adicional para Francia. El proceso de unificación alemana había concluido.

El sistema de alianzas bismarckiano

THE GERMAN REICH
1871-1918

El Reich alemán después de 1871

*Deutsches_Reich1.png: kgbergerderivative work: Wiggy!, CC BY-SA 2.5
<https://creativecommons.org/licenses/by-sa/2.5>, vía Wikimedia Commons. Acceso
desde: https://commons.wikimedia.org/wiki/File:Deutsches_Reich_(1871-1918)-en.png*

El triunfo de Alemania y la humillación de Francia no terminaron con la victoria de Prusia en 1871. La rivalidad que siempre existió entre ambos se elevó a un nivel aún mayor ahora que Alemania estaba totalmente unida. De hecho, se puede afirmar que, a finales de la década de 1870, Alemania era la segunda gran potencia europea más dominante después de Gran Bretaña y se esforzaba rápidamente por avanzar en todos los aspectos de la vida para ponerse a su altura. La década de 1870 vio cómo el equilibrio de poder que se había establecido en el Congreso de Viena cambiaba drásticamente con la formación de dos Estados fuertes: Italia y

Alemania. Así, los intereses de otras potencias cambiaron con el ascenso de estas nuevas naciones.

Alemania tenía un inmenso potencial económico y se estaba industrializando cada vez más. Su ejército se había hecho más profesional y disciplinado; estaba a la altura del resto de Europa. Lo contrario ocurría con Austria-Hungría y Francia. Los Habsburgo empezaron a luchar por mantener la unidad entre los numerosos pueblos de su vasto imperio. Los distintos pueblos de Austria-Hungría tenían diferentes puntos de vista fundamentales sobre su vida política. También se hacía evidente que, con la excepción del gobierno de Napoleón, Francia nunca se recuperó realmente del espíritu revolucionario de finales del siglo XVIII, ya que las agudas diferencias entre los revolucionarios y los leales seguían abriendo una brecha en su interior.

Dado que Alemania era una nación recién formada que acababa de pasar por un par de guerras, el canciller Bismarck pensó que era lógico que Alemania se centrara más en su desarrollo interno que en desviar su atención y sus recursos a asuntos exteriores. Para asegurarse de que el Reich no fuera molestado por sus vecinos, Bismarck puso en marcha una política exterior y de seguridad que sentaría las bases del sistema de alianzas que surgió en Europa poco antes del inicio de la Primera Guerra Mundial. Como ya hemos mencionado, tanto Francia como Austria-Hungría estaban aquejadas por una serie de problemas internos, pero esta última era vista como un imperio menguante al borde del colapso. Aunque Francia también había perdido una guerra contra Alemania, Austria carecía de avances económicos, sociales y militares.

La corona austriaca siempre se había mostrado reacia a adoptar posturas progresistas en lo que se refería a la construcción del Estado y la formulación de políticas, ya que las diversas nacionalidades que componían el imperio nunca estaban en sintonía. La monarquía conservadora de los Habsburgo austriacos era anticuada en comparación con los sistemas de gobierno de otras potencias europeas. Además, debido a su falta de cohesión, Austria no estaba tan industrializada y la mayor parte de su economía se basaba en la agricultura. Sin embargo, a pesar de la posición un tanto precaria de Austria-Hungría en la década de 1870, Bismarck vio en ella un aliado potencial, ya que la consideraba una «necesidad europea».

Bismarck afirmaba que necesitaba a Austria-Hungría para separar a Alemania del Imperio otomano y de Rusia, país este último capaz de manejar la tensión en los Balcanes y evitar que estallara una guerra en la región. Además, Bismarck necesitaba disuadir a los austriacos de la posibilidad de unirse a los franceses en un intento de vengarse de Alemania. Así, con todo esto en mente, consiguió formar una *Dreikaiserbund* —la Liga de los Tres Emperadores— con Austria-Hungría y Rusia en 1873 para aislar aún más a Francia. Austria, en apuros, se unió inmediatamente, y Rusia también aceptó, feliz de que se incrementara su papel en la política europea.

La Liga de los Tres Emperadores no siguió existiendo como una alianza de funcionamiento fluido, aunque cumplió parcialmente su propósito como mecanismo de equilibrio frente a Francia. Rusia y Austria-Hungría se enfrentaron tras una revuelta en los territorios eslavos de los Balcanes controlados por los otomanos. Rusia declaró la guerra al Imperio otomano, algo que se encontró con la feroz resistencia de la corona austriaca, preocupada por las tendencias expansionistas de Rusia. Aunque Rusia ganó la guerra y habría obtenido importantes ganancias territoriales como resultado, Bismarck consiguió negociar un nuevo acuerdo en el Congreso de Berlín de 1878 entre austriacos y rusos para evitar una mayor escalada de las tensiones. Así, la renovada Liga de los Tres Emperadores existió después de 1881, a pesar de las malas relaciones entre Rusia y Austria. En 1879, Alemania estableció una alianza militar mutua con Austria para demostrar su firme apoyo y disuadir a Rusia de la posibilidad de iniciar una guerra.

Si tener a Austria de su lado no era suficiente para aislar a Francia, la unión de Italia y la formación de la Triple Alianza en 1882 lo hicieron realmente evidente. La Triple Alianza tenía premisas sutiles para todos sus miembros. A Italia se le prometió la ayuda de Alemania y Austria-Hungría en el probable caso de que Francia declarara la guerra, algo de lo que los italianos recelaban cada vez más tras las luchas entre ambos países en el norte de África. A cambio, Italia debía ayudar a Alemania en caso de que Francia atacara y se comprometía a permanecer neutral si estallaba una guerra entre Austria y Rusia. Las tropas austriacas que custodiaban permanentemente la frontera italiana (debido a una historia un tanto hostil entre ambos estados) podrían entonces liberarse para enfrentarse a los rusos en otros frentes.

Así pues, poco después de la unificación, Alemania se convirtió en uno de los actores más activos y eficaces de la política europea. Bajo el liderazgo del canciller Otto von Bismarck, Alemania asumió una posición de mando en la Europa continental con su inteligente política exterior, cuyo objetivo era mantener la paz en la región para que Alemania pudiera centrarse en su desarrollo interno. En la década de 1880, lo que se conoció como el Sistema de Alianzas Bismarckiano definió la dinámica de poder entre las principales naciones europeas. Bismarck sabía que Alemania era lo bastante potente como para soportar una guerra con una sola nación. Como se esperaba que la principal amenaza viniera del oeste en forma de una Francia sedienta de venganza, dedicó mucho tiempo a intentar aislar a los franceses aliándose con sus facciones rivales.

Desgraciadamente, los esfuerzos de Bismarck son reconocidos como uno de los factores por los que estalló la Primera Guerra Mundial. El sistema que organizó garantizó la paz entre las naciones aliadas, pero también fomentó la competencia entre los que se quedaron fuera. Como veremos, otras naciones europeas pronto tomaron represalias e intentaron cambiar el equilibrio de poder a su favor.

Capítulo Dos - La era de la industrialización y el nuevo imperialismo

Este capítulo se centrará en los factores internacionales que se consideran precursores de la Primera Guerra Mundial. Para comprender la dinámica de poder de las partes implicadas en la Primera Guerra Mundial es necesario examinar los estados de estos actores más allá de las fronteras del continente.

Pax Britannica

En el «largo siglo XIX» se produjeron varios acontecimientos importantes que influyeron en el panorama político de Europa antes de que estallara la Primera Guerra Mundial. Entre ellos, por supuesto, estaba la Revolución Industrial, que afectó masivamente a las estructuras socioeconómicas de las naciones europeas. La nación que lideró la industrialización fue Gran Bretaña, que fue donde primero tuvo lugar la Revolución Industrial. Debido a ello, Gran Bretaña contó con una especie de ventaja en comparación con sus rivales, lo que hizo que experimentara desarrollos de inmensa magnitud mucho más rápidamente que sus homólogos europeos durante la mayor parte del siglo XIX. Al haber establecido ya una sólida base colonial, Gran Bretaña pudo importar bienes de sus colonias en abundancia a bajo precio y venderlos, a su vez, a un precio más alto en un mercado nacional cada vez más competitivo. Los beneficios que los británicos obtenían del comercio colonial eran enormes. Y con la tecnología para transformar las materias primas en artículos de lujo y de uso cotidiano solo a su alcance, Gran Bretaña se convirtió rápidamente en una de las naciones más ricas del mundo en el siglo XIX.

Otros factores contribuyeron al éxito de Gran Bretaña, como su conveniente situación geográfica. Gracias a su situación insular, los británicos se mantuvieron a salvo de las guerras de las naciones europeas. Sin embargo, esto no impidió que Gran Bretaña ejerciera su influencia en las relaciones europeas. El ascenso de Napoleón es un claro ejemplo. El emperador francés nunca pudo lograr un éxito significativo contra los británicos, pero Gran Bretaña lideró la coalición que destruyó la ambición de Napoleón de gobernar toda Europa.

Así, tras el Congreso de Viena, con Europa atravesando un periodo de estabilización tras las guerras napoleónicas, el poder de Gran Bretaña creció exponencialmente hasta el punto de convertirse en la supremacía indiscutible del mundo a mediados del siglo XIX. Este periodo de dominio británico llegó a conocerse como Pax Britannica —la Paz Británica—, cuyo nombre se tomó prestado de la famosa Pax Romana del Imperio romano. Los logros de Gran Bretaña se dejaron sentir en todo el mundo. Se convirtió en una potencia industrial y política, que contaba con un ejército profesional y una armada de renombre mundial e infundía temor a otras naciones. Con la paz en Europa, Gran Bretaña pudo desviar su atención hacia el crecimiento y la diversificación de su mercado interior, al tiempo que ampliaba su alcance y se convertía en un actor dominante en los mercados emergentes de Oriente Medio, el Sudeste Asiático, África y América Latina. Por ejemplo, en la primera parte del siglo XIX, Gran Bretaña firmó varios acuerdos con los gobernantes árabes de los países del golfo, comprometiéndose a protegerlos de las amenazas externas y de la piratería a cambio de beneficios económicos.

Quizá el símbolo más emblemático de la dominación británica sea la Royal Navy, que se ha mantenido hasta nuestros días como una de las características más reconocibles de la nación, y con razón. En el apogeo del poder británico, sus posesiones se extendían desde Norteamérica hasta África, pasando por Asia y Oceanía. Garantizar la paz y la estabilidad nunca habría sido posible de no ser por la presencia constante y eficaz del ejército británico. La armada británica llegó a ser tan avanzada y profesional porque era la más experimentada, al tener que realizar operaciones ininterrumpidas por todo el mundo desde los primeros tiempos coloniales. Mientras que otras antiguas grandes potencias coloniales, como España y Portugal, por ejemplo, cesaron gran parte de su actividad colonial con el cambio de siglo y siguieron perdiendo sus posesiones de ultramar en las Américas, Gran Bretaña mantuvo en gran medida un firme control.

Las bases de la Royal Navy estaban repartidas por todas las colonias británicas, lo que contribuyó a la formación de un sistema cohesionado y eficaz y al aumento del poder marítimo general de Gran Bretaña. La armada controlaba en solitario las rutas comerciales del mundo e incluso prestaba servicios distintos de la protección a los comerciantes, como el transporte de mercancías caras y de lujo que necesitaban ser defendidas. El dominio indiscutible de la Royal Navy allanó el camino para la posición de Gran Bretaña como potencia mundial y socavó los avances de sus competidores durante casi todo un siglo. Garantizó la prosperidad de la nación proporcionando protección a la parte más valiosa de la economía británica —el comercio colonial e intercontinental, así como a las islas británicas en general, disuadiendo a cualquier posible invasor de organizar un asalto a gran escala en tierras británicas.

La reanudación del imperialismo

Con la derrota de Napoleón en la década de 1810 y el periodo de estabilidad de Europa que siguió al Congreso de Viena, lo que quedó cada vez más claro fue el hecho de que los territorios europeos ya no estaban tan en juego como antes del siglo XIX. Aunque persistieron las guerras en todo el continente, parecía como si el equilibrio de poder se encontrara por fin en un punto ampliamente aceptable para las potencias europeas, que poco a poco dejaron de llevar a cabo campañas militares de larga duración unas contra otras. Con algunas excepciones, como la guerra ruso-turca, en la segunda mitad del siglo XIX no se produjeron guerras a gran escala en Europa, sino que las naciones se centraron en cuestiones internas que suponían una amenaza para los sistemas políticos vigentes.

Los movimientos nacionalistas de Alemania e Italia abogaban por la formación de un Estado unido. Pero los conflictos que surgieron nunca fueron a gran escala ni destructivos, solo duraron breves periodos de tiempo con pocas bajas, ya que ninguna de las partes estaba dispuesta a aportar los recursos adecuados. Además, los Imperios Austria-Hungría y otomano (los «antiguos Imperios») tuvieron que hacer frente a múltiples rebeliones dentro de sus fronteras. Así pues, nadie tenía tiempo para iniciar una guerra. Las potencias europeas se convirtieron en rivales entre sí, pero la situación nunca llegó a escalar a un conflicto a gran escala.

En cambio, viendo que las opciones de expansión en la Europa continental eran limitadas, los europeos se dieron el gusto de rivalizar entre sí en el resto del mundo. Las colonias eran una fuente eficaz y fiable de ingresos, como se evidencia en nuestro anterior ejemplo de Gran Bretaña. Y ahora que Europa se había pacificado, la atención se desvió a desafiar los intereses de los demás en diferentes regiones del mundo. Como cabe imaginar, los avances tecnológicos que trajo consigo la era de la industrialización ayudaron a los europeos a reanudar sus intenciones imperialistas tras un paréntesis de casi un siglo. Además de tener acceso a armamento más sofisticado, los avances en los sistemas de transporte y comunicación facilitaron a los colonizadores conservar mejor sus conquistas coloniales, lo que había sido un problema en el pasado. Por ejemplo, gracias a los nuevos sistemas de ferrocarril y telégrafo, la información y las mercancías podían transferirse con más rapidez que nunca, lo que allanaba el camino para un enfoque más cohesionado a la hora de intentar aumentar su presencia en las colonias. La medicina moderna también permitió a los europeos adaptarse mejor al clima y a las enfermedades de los distintos lugares geográficos.

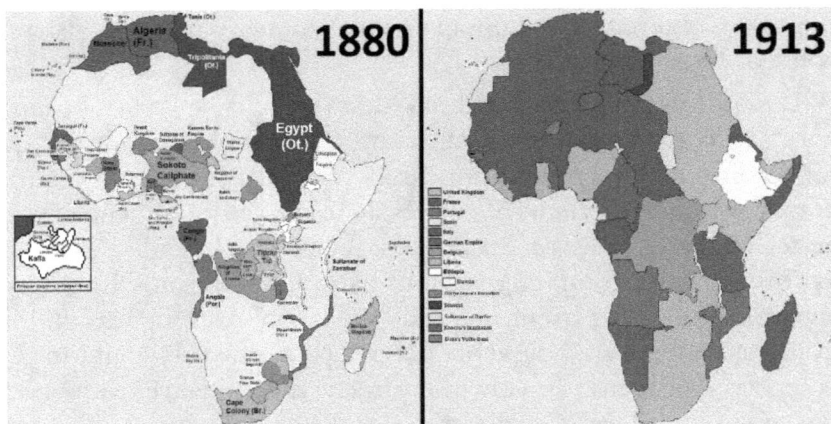

El reparto de África
davidjl123 / Somebody500, CC BY-SA 4.0 <https://creativecommons.org/licenses/by-sa/4.0>, vía Wikimedia Commons. Acceso desde: https://commons.wikimedia.org/wiki/File:Scramble-for-Africa-1880-1913.png

En la década de 1880, tras darse cuenta del potencial de explotación económica de las colonias, los imperialistas europeos simplemente se repartieron las tierras extranjeras entre ellos. Durante la Conferencia de Berlín de 1884, las potencias europeas con intereses coloniales se repartieron el continente africano. Francia, Gran Bretaña, Alemania, Italia, Bélgica, Portugal y España trazaron las nuevas fronteras del continente africano y establecieron diversas normas comerciales.

Como resultado, solo Etiopía y Liberia seguían siendo Estados africanos soberanos, lo que era muy diferente de 1880, cuando solo alrededor del 10% del continente estaba efectivamente colonizado. Aunque Gran Bretaña y Francia estaban muy presentes en el continente antes de la Conferencia de Berlín, después de 1884 los territorios bajo su dominio aumentaron de tamaño. Otros Estados europeos reclamaron para sí el resto del continente. Bélgica se hizo con toda la cuenca del Congo y la mayor parte de África Central; Italia estableció sus colonias en Libia y Somalia; Alemania se hizo con Namibia y Tanzania; Portugal eligió Mozambique en el sureste y Angola en el suroeste; Francia se hizo con la isla de Madagascar y casi todo el noroeste de África, incluido gran parte del Sáhara; y las posesiones de Gran Bretaña seguían la cuenca del Nilo (incluido todo Egipto con el recién inaugurado canal de Suez) e incluían Sudáfrica y partes de África Occidental. En resumen, con el reparto de África, una nueva era de imperialismo se apoderó de Europa.

Los europeos justificaron con vehemencia sus conquistas territoriales en la era del Nuevo Imperialismo. Afirmaban que habían traído la iluminación espiritual y moral, así como el desarrollo material a los pueblos «salvajes» de las colonias. Para ellos, este sentimiento de superioridad estaba científicamente demostrado. De hecho, la recién publicada tesis de Charles Darwin, *Sobre el origen de las especies,* coincidió perfectamente con la era del Nuevo Imperialismo. Los colonizadores utilizaron los descubrimientos científicos de Darwin y los manipularon de forma que beneficiaran sus pretensiones. La interpretación errónea de conceptos complejos, como las teorías de la selección natural y la evolución, fue una de las razones por las que los europeos se esforzaron cada vez más por justificar sus acciones en el mundo colonial.

El darwinismo social no solo se aplicaba a los pueblos del mundo en su conjunto, sino también a los propios europeos, ya que las distintas naciones se percibían mutuamente como más o menos avanzadas culturalmente. Todo el mundo estaba de acuerdo en que Europa estaba por encima de todas las demás civilizaciones y que ser europeo era prestigioso y beneficioso, pero las naciones europeas también se disputaban entre sí la superioridad cultural y moral. Por ejemplo, la Europa eslava, predominantemente ortodoxa, percibía a Rusia como su líder moral, espiritual y político en el enfrentamiento contra la Europa católica occidental. Los alemanes creían que había llegado el momento de que los pueblos germánicos de Europa Central reafirmaran su dominio sobre los franco-latinos, en el poder desde los tiempos del Imperio romano. Diversos estadistas y autores empezaron a idealizar este choque de civilizaciones y a justificar por qué los europeos debían proseguir sus esfuerzos colonizadores.

En definitiva, las colonias se convirtieron en una nueva frontera en la que los europeos se disputaban la supremacía regional. Durante la última parte del siglo XIX, ninguno de los grandes estados estaba dispuesto a arriesgarse a una guerra en la Europa continental, sabiendo que una guerra solo traería destrucción a sus hogares. Sin embargo, los europeos nunca dejaron de luchar por el dominio; simplemente lo trasladaron a otras partes del mundo.

Fueron capaces de someter a gran parte del mundo colonial gracias a su superioridad tecnológica y a los estados desarticulados de los pueblos africanos, asiáticos y oceánicos. Después, los europeos justificaron sus acciones mediante factores pseudocientíficos y culturales, y disfrutaron de su posición como gobernantes del mundo. Los imperialistas europeos incrementaron considerablemente su poder gracias a sus conquistas coloniales, algo que solo contribuyó a aumentar la competencia entre ellos. Así pues, las renovadas prácticas imperialistas y el orden mundial transformado que se estableció a finales del siglo XIX se consideran precursores indirectos pero muy influyentes de la Primera Guerra Mundial.

El militarismo europeo

A medida que Europa se tranquilizaba en las décadas de 1880 y 1890, las potencias europeas empezaron a invertir más en el desarrollo de mejores sistemas militares y armamentísticos. La relativa paz establecida tras el triunfo del nacionalismo en Italia y Alemania, además de la expansión de la fuerza imperialista de Europa, dio lugar al nacimiento del militarismo en las principales naciones europeas. Estas destinaron una parte importante de sus ingresos a mejorar sus capacidades en tiempos de guerra. Como resultado, las últimas décadas previas a la Primera Guerra Mundial se caracterizan por una carrera armamentística europea.

Las raíces del militarismo alemán del siglo XIX se remontan a los años anteriores a su unificación, justo después de la derrota de Napoleón. Cuando Napoleón derrotó a los prusianos, el rey Federico Guillermo III acordó reducir el tamaño del ejército prusiano a tan solo cuarenta y dos mil soldados en activo. Sin embargo, el rey puso en práctica una táctica inteligente: reclutó y entrenó nuevas tropas cada año durante un periodo de un año y luego las retiró del servicio. Esto significaba que, aunque el ejército prusiano inmediatamente después de las guerras napoleónicas estaba compuesto por 42.000 hombres en activo, diez años más tarde había 420.000 prusianos que habían recibido al menos un año de entrenamiento militar y que podrían haber sido llamados a filas si la situación resultaba apremiante.

La preparación del ejército prusiano durante los acontecimientos de las décadas de 1860 y 1870 ayudó al reino a liderar el proceso de unificación alemana, así como a derrotar a austriacos y franceses sin grandes dificultades. La rápida derrota de Francia en 1871 apoyó aún más el hecho de que Prusia tenía una fuerza más profesional que sus vecinos, y una Alemania unificada bajo el liderazgo prusiano ampliaría aún más las capacidades del ejército. Así pues, para sorpresa de todos, los esfuerzos por modernizar y mejorar el ejército alemán continuaron tras la reunificación, y el sistema se organizó de forma adecuada, basándose en una estricta jerarquía con el Káiser a la cabeza, seguido de un consejo militar compuesto por generales y oficiales de la nobleza terrateniente *Junker*. El parlamento alemán no tenía voz en las decisiones militares; solo podía asesorar al consejo y al jefe de los generales en las ocasiones necesarias y dejaba el ejército en manos de los profesionales.

En general, el gasto en el ejército alemán tras la unificación aumentó drásticamente, casi un 70%, alcanzando unos 460 millones de dólares en 1913. Francia, Rusia e Italia no tardaron en seguirlos, aunque el enorme poderío industrial de los alemanes dificultaba que la competencia los alcanzara. Las potencias europeas percibieron correctamente que, si estallaba un conflicto en Europa, los enfrentamientos directos de los ejércitos en campo abierto decidirían el resultado, justificando así su decisión de aumentar el servicio militar obligatorio para disponer de tantos hombres como fuera necesario.

Los avances tecnológicos también desempeñaron un papel. Los industriales militares observaron y estudiaron de cerca los conflictos del siglo XIX e introdujeron mejoras en los sistemas de armamento. Una vez más, el objetivo principal era mejorar la artillería pesada, por ejemplo, aumentando el alcance del fuego sin sacrificar demasiada movilidad. Nuevos tipos de proyectiles explosivos llegaron los arsenales de las naciones europeas, y se desarrollaron armas de fuego pequeñas y grandes para que fueran más portátiles y mortíferas. Se crearon nuevos regimientos y batallones para llevar a cabo estas mejoras. En conjunto, la mejora de los sistemas de armamento provocó lentamente un cambio en la forma en que las potencias europeas consideraban la guerra.

Los acontecimientos mencionados aumentaron en general la competitividad de las potencias europeas, pero el militarismo consiguió llegar a otras partes del mundo que acabarían implicándose en la Primera Guerra Mundial, es decir, Japón y Estados Unidos. Estas naciones, actores dominantes en su propio terreno, también construyeron sus ejércitos y ejercieron prácticas similares en las décadas previas a 1914, aumentando a su vez sus propias posiciones de poder en sus respectivas regiones.

Desde la segunda mitad del siglo XIX hasta el comienzo de la Primera Guerra Mundial, todas las grandes potencias llevaron a cabo importantes reformas para aumentar la competencia de sus ejércitos. Una característica subyacente fue la aplicación de planes de acción en caso de que estallara una guerra. Las estrategias ofensivas rápidas, que permitían al atacante arrollar rápidamente a los defensores para lograr victorias decisivas, cobraron protagonismo. Casi todas las potencias tenían preparados estos planes antes de la Primera Guerra Mundial.

En un interesante giro de los acontecimientos, Alemania se encontraría en una nueva rivalidad con la que posiblemente era la potencia más fuerte del mundo en aquel momento: Gran Bretaña. Como ya hemos mencionado anteriormente, la Royal Navy británica resultó crucial para el éxito internacional de Gran Bretaña y le permitió alcanzar una posición dominante como líder mundial. La armada era prácticamente indiscutible, era la más experimentada y avanzada. Su tamaño no dejaba de crecer, ya que la actividad colonial británica nunca cesó, a diferencia de otras potencias europeas en el siglo XIX.

Además, tras lograr victorias en múltiples batallas navales, quedó claro que tener una armada poderosa era la clave para aumentar el poder de un Estado. Sin embargo, ningún Estado había invertido tanto como Gran Bretaña en el desarrollo de sus capacidades navales. Todos ellos, en cierto modo, aceptaban la supremacía británica en alta mar. Los españoles y los franceses lo habían intentado en múltiples ocasiones, pero sufrieron derrotas frente a los británicos en diferentes ocasiones, la más famosa en la batalla de Trafalgar, cuando una flota combinada franco-española fue aplastada por el almirante Horatio Nelson de la Royal Navy. Estados Unidos había practicado una política aislacionista durante gran parte de su existencia y no deseaba desafiar a Gran Bretaña en los mares. La desventajosa situación geográfica de Rusia y Austria-Hungría, así como su falta de acceso a los mares significaba que no tenían interés en construir sus flotas para competir con la británica. Así, sin competencia, Gran Bretaña continuó dominando.

La situación cambiaría drásticamente en la década de 1890, cuando Alemania dio prioridad a la construcción de una armada fuerte. Varios factores precipitaron esta evolución, el más importante de los cuales probablemente fue la publicación de una obra muy influyente sobre la estrategia naval contemporánea titulada *The Influence of Sea Power upon History* (La influencia del poder marítimo en la historia) por un oficial de la marina estadounidense llamado Alfred Thayer Mahan. Mahan afirmaba que existía una relación directa entre poseer una marina fuerte y la supremacía mundial. Subrayaba que lograr el dominio mundial y emerger como actores poderosos en la escena internacional estaba determinado por el poder marítimo, y en los mares, quien tuviera la flota más grande reinaría por lo general con supremacía.

Influenciada por el minucioso análisis de Mahan sobre el equilibrio de poder mundial y las estrategias navales, Alemania desvió sus esfuerzos hacia la construcción de una fuerza naval lo suficientemente fuerte como para suponer una amenaza al incuestionable dominio británico en los mares. El káiser Guillermo II puso al almirante Alfred von Tirpitz al mando de la armada, ya que ambos tenían puntos de vista similares sobre el asunto. Ambos presionaron cada vez más al Reichstag para que financiara sus proyectos, lo que dio lugar a las cinco Leyes de la Flota Alemana (1898-1912), en las que se invirtieron enormes cantidades en su causa y se incrementó sustancialmente el poder naval de Alemania. El almirante Tirpitz preveía que la flota alemana fuera aproximadamente dos tercios mayor que la británica para que, en caso de guerra, esta no pudiera limitarse a intimidar a Alemania en los mares.

Sin embargo, Gran Bretaña no se quedó de brazos cruzados viendo cómo uno de sus principales rivales europeos seguía ganando poder. La aprobación de la Segunda Ley de la Flota Alemana en junio de 1900 sirvió de llamada de atención para los británicos, que intentaron responder a los alemanes aumentando sus propias capacidades navales. El almirante británico Jacky Fisher propuso diferentes medidas para contrarrestar los esfuerzos alemanes en 1902. Ordenó que gran parte de la Royal Navy, que se había dispersado por el mundo para patrullar los mares, regresara a la patria británica para poder movilizarse más rápidamente.

El HMS *Dreadnought*, 1906

https://commons.wikimedia.org/wiki/File:HMS_Dreadnought_1906_H63596.jpg

Además, un importante acontecimiento alteró el planteamiento de las dos potencias en lo que respecta a sus armadas. Se estrenó un nuevo súper acorazado, el HMS *Dreadnought*. Estaba equipado con las armas más modernas y eclipsaba a todos los demás buques de guerra. Tras el lanzamiento en 1906, el HMS *Dreadnought* era el más poderoso —con la fuerza de tres acorazados normales— y el más caro, ya que los británicos habían gastado más de 1,7 millones de libras solo en el primer modelo. La puesta en servicio de este buque de guerra dio origen a una línea completamente nueva de buques de guerra convenientemente apodados «dreadnoughts». Modernizaron la guerra marítima y fueron vistos por el mundo como una necesidad para mantener el ritmo de los esfuerzos de militarización. Al comienzo de la guerra, las potencias de todo el mundo habían invertido en sus propios «dreadnoughts», pero quedó claro que Alemania había puesto el mayor esfuerzo en ponerse a la altura de Gran Bretaña, ya que su financiación y número de personal aumentaron espectacularmente.

La carrera armamentística naval, como llegaría a conocerse, continuaría a distintos niveles hasta 1912. Diferentes acontecimientos internacionales, como la guerra ruso-japonesa, demostrarían aún más los puntos de Mahan sobre la estrategia naval. A partir de 1912, el canciller alemán Theobald von Bethmann Hollweg daría prioridad a la construcción del ejército, ya que Alemania había logrado su objetivo principal de convertirse en una potencia viable en los mares. La situación en la Europa continental era cada vez más preocupante, por lo que resultaba práctico centrarse en la creación de fuerzas terrestres. Sin embargo, Alemania también inició el desarrollo de submarinos militares, una tecnología completamente nueva y revolucionaria que se mantuvo en secreto para el resto del mundo. Gran Bretaña, por su parte, dejó de invertir en la Royal Navy, ya que pensaba que seguía estando sustancialmente por delante de la competencia.

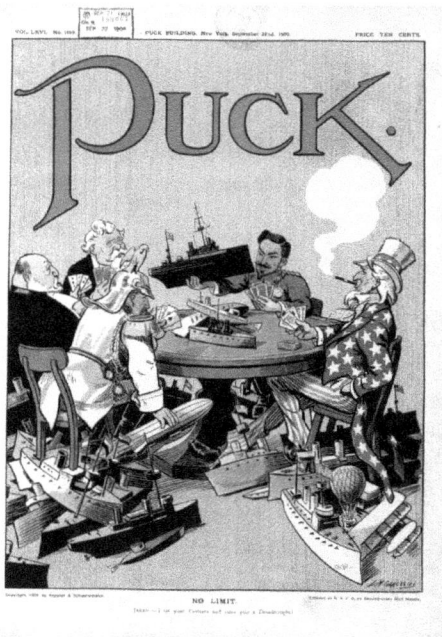

Una caricatura de Puck de 1909 sobre la carrera naval europea
https://commons.wikimedia.org/wiki/File:Naval-race-1909.jpg

En general, la competencia aumentó entre las superpotencias europeas, a pesar de que sus rivalidades nunca llegaron a la guerra. Cada Estado dio prioridad a la militarización a medida que recelaban del tranquilo orden internacional y esperaban la guerra. Con la afluencia de nuevas tecnologías como resultado de la industrialización, continuaron su lucha por el dominio en la era del Nuevo Imperialismo compitiendo entre sí a través de sus colonias. A principios del siglo XX, parecía que el mundo estaba preparado para otra gran guerra.

Capítulo Tres - Preparando el escenario

No cabe duda de que tras la era de Napoleón, el mundo experimentó una transformación masiva en todos los ámbitos de la vida. Los movimientos nacionalistas y liberales recorrieron Europa dejando su impronta en las nuevas potencias emergentes. Surgieron nuevos actores en el nuevo y el viejo mundo cuando los europeos trataron de repartirse las tierras coloniales. Y los rivales iniciaron una rápida movilización militar, precavidos ante un posible conflicto que pudiera estallar.

En este capítulo se analizará un factor fundamental de la rápida escalada de la Primera Guerra Mundial: el sistema de alianzas europeas. Poco antes del inicio de la guerra, surgieron dos alianzas principales que dividieron fuertemente a las superpotencias. Aunque la intención inicial de ambas alianzas era equilibrar los niveles de poder e influencia como contramedida a la guerra, irónicamente, esta compleja relación arrastraría a los estados europeos a la Primera Guerra Mundial poco después de su inicio.

La nueva política exterior alemana

El canciller Otto von Bismarck veía a Francia como la principal y natural amenaza para Alemania, por lo que las medidas comentadas en los capítulos anteriores tenían como objetivo impedir que Francia formara fuertes conexiones con otras potencias y recuperara parte del poderío que los franceses habían perdido desde los tiempos de Napoleón. La Liga de los Tres Emperadores sirvió a ese propósito y, al colaborar con Austria y Rusia, Bismarck reforzó significativamente la posición de Alemania al tiempo que debilitaba a Francia. La Triple Alianza con Italia y Austria también se concibió para dar una respuesta eficaz a una posible ofensiva francesa sobre las posiciones italianas y alemanas. La seguridad proporcionada por estos tratados situó a Alemania en una posición cómoda, permitiéndole centrarse en su desarrollo interno y en la construcción de su industria y su ejército.

Sin embargo, la política exterior alemana cambió significativamente tras el cese de Bismarck en 1890. El káiser Guillermo II vio un rumbo diferente para Alemania, dirigido a aumentar su influencia y poder no solo a nivel regional, sino también mundial. Esto estaba en oposición directa a las políticas anteriores de Bismarck, dirigidas principalmente a mantener la paz en Europa disuadiendo a las naciones de entrar en guerra entre sí y confiando en la producción nacional para obtener más riqueza. De hecho, los esfuerzos de Guillermo II por convertir a Alemania en un jugador del tablero colonial se basaron posiblemente en las mejoras internas del país. Si Alemania no hubiera logrado un inmenso crecimiento económico en la década de 1880, las ambiciones del káiser de expandir el poder del país habrían carecido de fundamento y lógica. La carrera de armamentos navales con Gran Bretaña sirvió al mismo propósito. Alemania pudo seguir invirtiendo millones en el desarrollo de su armada gracias a su fuerte economía.

Así, el káiser Guillermo II decidió no renovar el acuerdo de Bismarck con Rusia. Según el Tratado de reaseguro, firmado en 1887, ambas partes se declararían neutrales en caso de ataque a Francia o Austria. El Tratado de reaseguro era una garantía para Alemania de que Rusia —una potencia europea con un inmenso potencial militar debido al tamaño de su ejército— no constituía una amenaza.

Después de que Alemania abandonara el tratado en 1890, Rusia se sintió naturalmente traicionada y empezó a ver a su antiguo socio como un enemigo potencial. Esta oportunidad fue aprovechada por los franceses. Francia y Rusia establecieron una alianza militar mutua, algo muy beneficioso para ambas partes, ya que carecían de amigos. La nueva alianza franco-rusa redistribuyó el equilibrio de poder en Europa, ya que ahora Alemania se encontraba entre dos naciones que le eran hostiles. La alianza fue especialmente crucial para Rusia, ya que pidió prestados millones a París para financiar proyectos de desarrollo en la industria y las infraestructuras. Estos fondos se invirtieron principalmente en la construcción de un ferrocarril transiberiano, que conectaría la parte europea de Rusia con el este. Además, Rusia consiguió negociar con Austria el asunto de los Balcanes, firmando un acuerdo y dejando de lado sus diferencias durante los diez años siguientes. Esto liberó más recursos de Rusia para utilizarlos en otros lugares, impulsando aún más el desarrollo interno y aumentando su capacidad en la escena internacional.

Gran Bretaña en busca de aliados

Se produjeron otros acontecimientos que entrelazaron aún más los destinos de las superpotencias mundiales. Un acontecimiento importante fue la nueva política exterior británica. Las preocupaciones británicas surgieron principalmente en respuesta a la creciente industrialización y militarización de las potencias europeas, algo que Gran Bretaña creía correctamente que desafiaría su supremacía como hegemonía mundial. A pesar de que la Royal Navy seguía siendo la soberana de alta mar, la carrera de armamentos navales con Alemania, así como las reformas navales de países como Estados Unidos, Japón y Francia, significaban que los británicos podrían no disfrutar de tan prestigiosa posición por mucho tiempo. El aislamiento de Gran Bretaña había conseguido durante mucho tiempo mantenerla al margen de los complejos asuntos exteriores y brindado al reino la posibilidad de ampliar su radio de acción. Sin embargo, cada vez era más evidente que Gran Bretaña necesitaba amigos en los que pudiera confiar, sobre todo porque otros estados estaban estrechando sus relaciones entre sí.

Así, la política exterior y de seguridad británica de los últimos años del siglo XIX se orientó a forjar lazos con Estados con los que Gran Bretaña compartía intereses, especialmente en lo que se refería a asuntos coloniales en Asia, una región que había adquirido la máxima importancia. Mientras Alemania se perfilaba como rival directo de Gran Bretaña, tuvieron lugar una serie de conversaciones entre ambas partes para llegar a un entendimiento mutuo en relación con varios asuntos apremiantes. Sin embargo, entre 1898 y 1901, en tres ocasiones diferentes, las conversaciones anglo-alemanas fracasaron, provocando el deterioro entre ambos estados.

Gran Bretaña decidió aplicar una estrategia más inteligente colaborando cada vez más con naciones que eran consideradas rivales de Alemania, lo que sirvió para socavar el progreso de este país, impidiéndole ampliar aún más su alcance mundial. Gran Bretaña firmó el Tratado Hay-Pauncefote con Estados Unidos en 1901, llegando a un acuerdo sobre los términos de la construcción del canal de Panamá, que resultó sumamente beneficioso para ambas partes. Aproximadamente un año más tarde, en enero de 1902, Gran Bretaña consiguió formar una alianza con Japón, una nación que había incrementado significativamente su poder tras la Restauración Meiji y se había establecido como quizás el actor más influyente de Asia Oriental. Las relaciones entre ambos Estados ya se encontraban en cierto modo en buenos términos tras la firma de un nuevo acuerdo comercial a mediados de la década de 1890, y la alianza se percibió como beneficiosa para ambas partes. Socavó el poder de Rusia en la región y permitió a Gran Bretaña concentrar más sus recursos en la India.

Más tarde, en 1904, cuando Japón y Rusia estaban a punto de entrar en guerra por Manchuria, Gran Bretaña se dio cuenta de que su alianza con Japón podría arrastrarla a un conflicto con Francia, aliada de Rusia. Así pues, para evitar una escalada tanto en Europa como en las colonias, Gran Bretaña y Francia dejaron de lado sus diferencias históricas y decidieron sentarse juntas a la mesa de negociaciones. En abril, ambas partes acordaron la Entente Cordiale. Este acuerdo no era una alianza defensiva o militar oficial, pero sirvió para mejorar las relaciones entre ambas naciones. La Entente Cordiale fue el primer paso real en la formación de profundos lazos franco-británicos. Se centró en aclarar las disputas coloniales de ambas partes en territorios anteriormente disputados, principalmente renunciando a las reclamaciones francesas sobre el Egipto británico y apoyando Gran Bretaña la ocupación francesa de Marruecos. También se aclararon otros puntos de discordia en otras partes del mundo.

A grandes rasgos, este acuerdo entre Francia y Gran Bretaña supuso, en cierto modo, el fin del aislamiento internacional que ambas naciones habían experimentado durante gran parte del siglo XIX. Francia recuperó parte de su poder gracias a un nuevo aliado, mientras que Gran Bretaña mantenía ahora relaciones amistosas con el principal rival del Reich. Como veremos más adelante, la Entente Cordiale se convirtió en la base de la cooperación entre Francia y Gran Bretaña, y ambas continuaron esforzándose por profundizar sus lazos diplomáticos en caso de futuras crisis internacionales. En definitiva, en el plazo de cuatro años, Gran Bretaña consiguió varios socios en los que podía confiar, algo que le sirvió para reafirmar su posición como la mayor superpotencia mundial y someter a su contrincante, Alemania.

La primera crisis marroquí

La Entente Cordiale no pasó desapercibida para Alemania, que empezó a desconfiar de las mejoradas relaciones entre sus rivales. A pesar de que Alemania se había convertido en una de las naciones más prósperas económicamente y contaba con un ejército profesional, los acontecimientos de 1901 a 1904 solo sirvieron para reducir su influencia global en la escena internacional. Alemania no había visto ningún beneficio en aliarse con Austria e Italia, ya que la naturaleza de la Triple Alianza era estrictamente defensiva y servía para disuadir una posible invasión francesa. Francia y Gran Bretaña estaban satisfechas con su creciente presencia en sus colonias y no mostraron interés en expandirse por Europa. Lo que siguió a la firma de la Entente Cordiale fue una reacción provocadora alemana destinada a socavar la relación entre franceses y británicos.

Es importante comprender que cuando se firmó la Entente Cordiale, Marruecos era una de las naciones africanas que aún no estaban bajo el dominio directo de una nación europea. Tanto franceses como españoles habían expresado su interés por Marruecos durante la Conferencia de Berlín, pero su planteamiento no incluía la ocupación directa ni el uso de la fuerza. Con el tiempo, Marruecos se convirtió en una esfera de influencia para ambas naciones, con Francia y España buscando ganancias económicas, algo que no vieron con buenos ojos los alemanes debido al aumento de la presencia francesa.

Cuando el káiser Guillermo II llegó a la ciudad marroquí de Tánger el 31 de marzo de 1905, recorrió toda la ciudad, que se había convertido en un desfile por su presencia, montado en un caballo blanco y declaró su apoyo al sultán marroquí. La medida fue vista por París como un insulto a Francia. Tras el discurso del káiser, el sultán Abdelaziz se sintió obligado a invitar a las potencias europeas para que le aconsejaran sobre cómo reformar el país, en lugar de llevar a cabo las reformas que le habían presentado los franceses antes de la visita del káiser. Naturalmente, Francia creía que no era necesario celebrar tal conferencia, mientras que el canciller alemán Bernhard von Bülow amenazó con firmar un tratado de alianza con el sultán si no se discutía con las demás naciones la presencia francesa en Marruecos.

Así pues, Francia se vio obligada a participar en la Conferencia de Algeciras, que tuvo lugar a principios de 1906. A pesar de ello, solo otra nación presente en la conferencia —Austria- apoyó a Alemania. La inmensa mayoría, incluidos Estados Unidos, Rusia e Italia, se pusieron de parte de Francia. Y lo que es más importante, Gran Bretaña decidió alinearse firmemente con Francia, demostrando que estaba más que dispuesta a proseguir con la Entente Cordiale. De hecho, se argumenta que Alemania actuó al ver lo fuertes que eran las relaciones franco-británicas y socavó la importancia del tratado provocando a ambas naciones. Francia tuvo éxito en la reorganización de Marruecos aumentando su presencia a través de varias políticas al tiempo que dejaba cierto poder al sultán. Además, Francia y España firmaron el Pacto de Cartagena un año después, reconociendo oficialmente las esferas de influencia de cada uno y excluyendo a Alemania de los asuntos en Marruecos. En definitiva, la Primera Crisis Marroquí no disminuyó las relaciones franco-británicas como Alemania había deseado. Por el contrario, dejó claro que tanto Gran Bretaña como Francia estaban dispuestas a desafiar a Alemania.

La guerra ruso-japonesa

Junto con la Primera Crisis de Marruecos, la guerra ruso-japonesa fue otro acontecimiento internacional importante que contribuyó a los sistemas de alianzas mundiales.

Japón era una nación en rápida modernización que pretendía alcanzar a las potencias europeas y convertirse en un actor influyente en la escena mundial. Había hecho un gran esfuerzo por aumentar su presencia regional desde la Restauración Meiji a mediados del siglo XIX. De hecho, las ambiciones imperiales de Japón, así como muchas de sus ideas sobre el modernismo y el desarrollo, se vieron influidas por anteriores esfuerzos europeos. Tras derrotar a China en la guerra chino-japonesa, quedó claro que Japón era la potencia independiente más fuerte de Asia Oriental, ya que el resto de la región estaba compuesto por colonias europeas. Ninguna de ellas era lo suficientemente fuerte como para desafiar a Japón, excepto Gran Bretaña, pero ambas partes habían acordado una alianza en 1902 que les permitía perseguir intereses mutuos: beneficios económicos y ricas rutas comerciales navales para Gran Bretaña y capacidad de expansión para Japón.

Naturalmente, el principal rival que surgió frente a las intenciones imperialistas de Japón fue Rusia, una nación que había ampliado sus posesiones hasta incluir todo el norte y noreste de Asia. La fundación de la importante ciudad portuaria del Pacífico de Vladivostok (que se traduce como «el gobernante del Oriente») fue el signo más evidente de la ambición rusa de asegurar su flanco oriental y consolidarse como actor principal en la política de Asia Oriental. Los rusos querían establecer una presencia permanente en el Pacífico para posibilitar la afluencia de nuevas rutas comerciales al país desde el este. Por ese motivo, Rusia arrendó a los chinos la base naval de Port Arthur en 1897. Sin embargo, ambos puertos solo eran operativos en verano y se congelaban en invierno. Así, tanto los rusos como los japoneses pusieron sus ojos en Manchuria y Corea.

Japón actuó primero. Se dio cuenta de que ni Corea ni Manchuria podrían resistir a los dos países y ofreció repartirse los territorios con Rusia. Corea pasaría a formar parte de la esfera de influencia de Japón, mientras que Rusia sería libre de perseguir sus intereses en Manchuria. Como contraoferta, Rusia quería organizar una zona de amortiguación entre ambos bandos a lo largo del paralelo 39 norte de Corea, lo que chocaba directamente con las ambiciones japonesas, llevándolas a declarar la guerra. En un ataque por sorpresa, los japoneses se enfrentaron a la flota rusa estacionada en Port Arthur en febrero, asestando un duro golpe. La respuesta rusa fue rápida pero poco eficaz. El ejército ruso carecía de disciplina y dependía en gran medida de su número para abrumar a la oposición. Pero la mayoría de las fuerzas rusas no estaban movilizadas en el este, y transportarlas desde el oeste de Rusia era un proceso largo y tenue. Incluso cuando entraron en contacto con los japoneses, sufrieron múltiples derrotas, ya que Japón contaba con un núcleo más profesional, preparado para la batalla y con una moral alta. Además, la flota principal rusa también estaba en Europa, y solo consiguió llegar al mar de Japón en mayo de 1905, momento en el que los japoneses habían reducido considerablemente la presencia rusa y logrado una victoria decisiva en la batalla naval de Tsushima.

La guerra terminó con el Tratado de Portsmouth, negociado por el presidente estadounidense Theodore Roosevelt. Cuando quedó claro que los japoneses estaban a la altura de los rusos, el sentimiento antibélico se extendió por todo el país. Combinado con una serie de problemas sociales y económicos, desembocó en la Revolución rusa de 1905. El zar Nicolás II, que creía plenamente que Rusia era capaz de derrotar a Japón, y había esperado lograr una victoria rápida para apaciguar a sus críticos, se vio obligado a aceptar unas condiciones difíciles. Japón se apoderó de Corea, que acabó anexionándose en 1910, mientras Rusia evacuaba todas sus fuerzas de Manchuria, reduciendo considerablemente su fuerza en Asia Oriental.

Y lo que es más importante, la guerra ruso-japonesa demostró que Japón era una verdadera superpotencia y que tenía la capacidad de desafiar e incluso derrotar a los europeos. La victoria japonesa dejó claro que Gran Bretaña había realizado otro movimiento acertado en política exterior al aliarse con Japón y que había predicho correctamente la desaparición de Rusia en Asia Oriental. Por otro lado, el zar Nicolás II se dio cuenta de que sus perspectivas de expansión en el Pacífico habían menguado. La derrota le hizo reavivar el interés ruso por los Balcanes.

La Triple Entente

La Primera Crisis de Marruecos y la derrota de Rusia en la guerra ruso-japonesa tuvieron repercusiones en el equilibrio de poder europeo. En un interesante giro de los acontecimientos, la alianza británica con Japón había demostrado ser una jugada inteligente, ya que Japón se estableció como una fuerza a tener en cuenta en el Pacífico.

Naturalmente, la nación que no vio ningún beneficio real de los dos acontecimientos internacionales fue Alemania. Los esfuerzos alemanes por socavar la Entente Cordiale entre Francia y Gran Bretaña fueron ineficaces. De hecho, sus esfuerzos en Marruecos tuvieron el efecto totalmente opuesto, reforzando los lazos entre ambas naciones. Alemania solo encontró el apoyo de los austriacos durante la Conferencia de Algeciras. Incluso Italia, que supuestamente mantenía relaciones amistosas tanto con Alemania como con Austria, respaldó los intereses franceses en Marruecos a cambio del apoyo francés en Libia.

La guerra ruso-japonesa demostró que el ejército ruso, a pesar de su tamaño y su antigua gloria, aún necesitaba someterse a grandes cambios para modernizarse, lo que socavó la gravedad de la amenaza rusa para Alemania. Sin embargo, Francia estaba más que dispuesta a proporcionar fondos a Rusia para que se reconstruyera y se recuperara. En resumen, después de que Bismarck abandonara el poder en 1890, con la excepción de la Conferencia de Berlín, nada había jugado realmente a favor del Reich. La carrera armamentística con Gran Bretaña le había impulsado a abandonar el aislamiento, provocando que las principales amenazas de Alemania se unieran para luchar contra la naciente nación alemana.

Los problemas para Alemania no acabaron ahí, ya que Gran Bretaña, Francia y Rusia continuaron entablando nuevas conversaciones diplomáticas. El zar Nicolás II estaba desesperado por consolidar su poder interno. Enfrentado a la inestabilidad y la revolución en su país, estaba dispuesto a renunciar a gran parte de los intereses imperiales de Rusia a cambio de un apoyo económico muy necesario. Así, en otro sorprendente movimiento de política exterior, Gran Bretaña decidió dar marcha atrás en sus relaciones no tan positivas con San Petersburgo e iniciar el Convenio anglo-ruso de 1907. Ambas partes acordaron los términos relativos a sus intereses en Afganistán y Persia. Gran Bretaña dependía en gran medida de las importaciones procedentes del subcontinente indio. Como los territorios en litigio lindaban directamente con la India, se alegró de aclarar las disputas que mantenía con Rusia, que consideraba Persia y Afganistán como su propia esfera de influencia. Como en el caso de la Entente Cordiale con Francia, Gran Bretaña estaba dispuesta a poner fin a su antigua rivalidad en aras de unos intereses mutuos que indirectamente contribuían a un mayor deterioro de Alemania.

Tenía sentido que los acuerdos bilaterales entre Gran Bretaña y Francia, Francia y Rusia, y Gran Bretaña y Rusia desembocaran finalmente en la creación de la alianza más importante de la Primera Guerra Mundial: la Triple Entente. Aunque la Triple Entente no era una alianza defensiva mutua (lo que significaba que, en caso de ataque a uno de los miembros, los otros dos no tenían por qué interferir necesariamente), subrayaba claramente que existía cooperación entre los tres países. Era más bien una coalición, similar a lo que habían hecho las potencias europeas durante el reinado de Napoleón. Sirvió como mecanismo de equilibrio frente al eje germano-austriaco y surgió como rival directo de la Triple Alianza entre Austria, Alemania e Italia.

Francia y Gran Bretaña prosiguieron sus esfuerzos por aclarar las disputas coloniales, al tiempo que enviaban ayuda económica a Rusia para acelerar su desarrollo y ayudar a San Petersburgo a superar los efectos de la revolución. Además, mediaron para mejorar las relaciones entre japoneses y rusos, y evitar otro posible conflicto en Asia Oriental, que probablemente habría sido más destructivo. París firmó un acuerdo con Tokio en 1907 que estrechó los lazos entre ambas naciones y contribuyó en gran medida a estabilizar las relaciones entre Japón y Rusia. Dejando atrás la guerra, Japón aceptó de buen grado la propuesta de Francia y dejó de percibir a Rusia como una amenaza para sus intereses en Asia Oriental, algo que también se debió en parte a las estrechas relaciones entre Moscú y París.

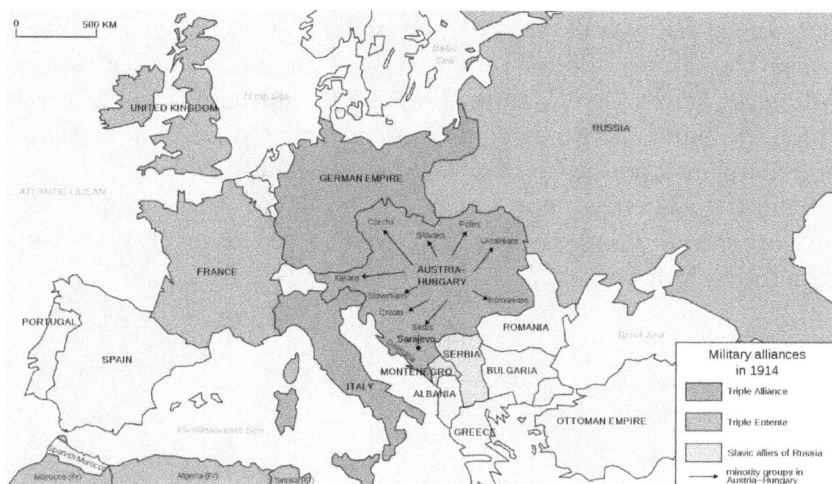

Sistemas de la Alianza Europea en 1914

Historicair (original en francés) Fluteflute & User: Bibi Saint-Pol (traducción al inglés), CC BY-SA 2.5 <https://creativecommons.org/licenses/by-sa/2.5>, vía Wikimedia Commons. Acceso desde: https://commons.wikimedia.org/wiki/File:Map_Europe_alliances_1914-en.svg

Así, en los diez primeros años del siglo XX, el orden internacional fue testigo de otra transformación fundamental. Los esfuerzos alemanes por abandonar la política exterior de Bismarck de mantener la paz en Europa aislando a sus rivales directos en favor de una *Weltpolitik* más prominente no resultaron ser una decisión inteligente. Desafiar a Gran Bretaña por el dominio internacional en la carrera de armamentos navales resultaba cada vez más costoso para Berlín, y el papel activo que asumió el Reich no pasó desapercibido para los rivales de Alemania. Gran Bretaña se dio cuenta de que era imposible mantener su vasto imperio sin socios internacionales y empezó a forjar poco a poco relaciones con diferentes actores para conseguir un control más firme de sus posesiones coloniales, que eran la principal fuente de sus ingresos y su prestigio. La alianza de Gran Bretaña con Japón, los acuerdos con Estados Unidos y las ententes con Rusia y Francia sirvieron al gobierno británico.

La Triple Entente también fue un acuerdo inmensamente beneficioso para Francia. Intentó tomar represalias contra Alemania, que había seguido una política de aislamiento de Francia desde principios de la década de 1880. Al entablar estrechas relaciones con Gran Bretaña, Rusia y Japón, Francia volvió a convertirse en uno de los principales actores de la política mundial. Además, la Triple Entente podía ser útil contra una posible amenaza alemana. Rusia, a diferencia de las otras potencias, solo buscaba ganar tiempo y resolver una serie de problemas, como la revolución y la guerra con Japón. Cada vez era más evidente que el próximo gran conflicto europeo tendría enormes repercusiones para todo el mundo.

Capítulo Cuatro - Al borde de la guerra

Los sistemas de alianzas emergentes fueron el resultado de la aparición de nuevos y poderosos actores internacionales a finales del siglo XIX. Gran Bretaña reconoció que el ascenso de Alemania podría desafiar su hegemonía mundial y decidió forjar conexiones con naciones para gobernar sus vastas posesiones coloniales y disuadir potencialmente a los alemanes de alcanzarlas. Alemania, por su parte, abandonó el sistema de alianzas bismarckiano, cuyo principal objetivo era mantener la paz en Europa. En su lugar, cambió su enfoque hacia la dominación mundial, algo que resultó costoso, ya que sus rivales pronto se dieron cuenta de la amenaza que suponía Alemania y la equilibraron con sus propios esfuerzos.

Este capítulo explorará las últimas piezas del rompecabezas de lo que condujo a la Primera Guerra Mundial. Echaremos un vistazo a las anticuadas estructuras de los imperios europeos, así como a una de las regiones políticamente más complejas —los Balcanes— y a cómo los acontecimientos que tuvieron lugar a principios del siglo XX aceleraron el inicio del conflicto.

La cuestión de Austria-Hungría

Hasta ahora no hemos prestado demasiada atención a los acontecimientos relacionados con Austria-Hungría. En cierto modo, este «prejuicio» contra el Imperio de los Habsburgo obedece a una buena razón. En el «largo siglo XIX», mientras otras naciones trataban de modernizarse promoviendo puntos de vista más liberales y una rápida industrialización, Austria-Hungría fue quizás el defensor más ruidoso y el mejor ejemplo de los regímenes más antiguos y conservadores. La familia real de los Habsburgo, a diferencia de otras monarquías europeas, no estaba dispuesta a renunciar a gran parte de la influencia y el poder que ostentaba. Los gobernantes austriacos promulgaron medidas ineficaces para combatir los problemas del imperio, lo que provocó el retraso de Austria en su desarrollo. Fue incapaz de mantenerse al nivel de los imperios modernos.

Es fundamental comprender la estructura de Austria-Hungría. Debido a la situación geográfica del Imperio de los Habsburgo — que se extendía desde las provincias de Bohemia y Galitzia de Europa Central hasta partes del norte de Italia y la costa adriática de los Balcanes— Austria-Hungría era una entidad política muy compleja. Destacaban casi por igual muchas etnias y nacionalidades diferentes.

Diferentes grupos étnicos en Austria-Hungría
https://commons.wikimedia.org/wiki/File:Austria_Hungary_ethnic.svg

A principios del siglo XX, Austria-Hungría había detenido muchos de sus esfuerzos de expansión y había alcanzado la máxima extensión de sus fronteras históricas. Comprendía muchos pueblos diferentes de Europa: los alemanes constituían una buena parte de la población, concentrada en las regiones noroccidentales del imperio; los checos destacaban en el norte, mientras que los ucranianos y los polacos vivían predominantemente en el noreste; los eslovacos y los húngaros dominaban la parte central; los rumanos se concentraban en el este; los croatas y los serbios ocupaban las partes meridionales del imperio, en la costa del Adriático; y, por último, aunque tenían una presencia menor que los demás pueblos, los italianos y los eslovenos vivían en las partes occidental y suroccidental.

En conjunto, Austria-Hungría era un amasijo geopolítico de varias nacionalidades europeas, que causaba una y otra vez una serie de problemas al imperio. Por ejemplo, cuando nuevos monarcas ascendían al trono, sus políticas no podían abordar los problemas de todos estos pueblos por igual. Algunas partes del imperio se sentían excluidas, mientras que otras disfrutaban de más privilegios. Además, la mayor parte de la transformación de Europa desde la Revolución francesa se había producido debido al aumento del sentimiento nacionalista que recorrió el continente. En Italia y Alemania, la mayoría de la población era étnicamente igual. Compartían culturas, tradiciones, valores, lengua y otras características similares que contribuyeron a sus esfuerzos por alcanzar la condición de Estado. Austria-Hungría, por el contrario, no era un Estado-nación, y los movimientos nacionalistas en distintas partes del imperio fueron aplastados una y otra vez por las fuerzas monárquicas. La supresión de estos movimientos solo provocó más discordia en Austria-Hungría, lo que exigió medidas más estrictas por parte del imperio, sumiéndolo así en un círculo vicioso.

Así pues, a pesar de su inmensidad y su poderío, Austria-Hungría sufría los problemas a los que se enfrentan todos los imperios étnicamente diversos. Tuvo que concentrarse en hacer frente a los crecientes sentimientos nacionalistas dentro de sus fronteras, que socavaron la centralización del gobierno de los Habsburgo y provocaron el colapso del imperio. Austria-Hungría no tenía tiempo ni estaba dispuesta a emprender transformaciones fundamentales. Además, seguía considerándose un actor influyente en la política de poder europea, algo que derivaba principalmente de su papel en el pasado, aunque las demás naciones europeas sabían que eran mucho más poderosas e influyentes que los austriacos a finales del siglo XIX.

La inestabilidad interna puede percibirse, junto con la desfavorable situación geográfica de Austria-Hungría, como la razón de su no participación en el juego colonial, algo que había llegado a considerarse vital para cualquier imperio que deseara ser considerado dominante en la escena internacional. Austria-Hungría ni siquiera podía aspirar a ser un actor global dominante si no podía resolver primero sus problemas internos. En cierto modo, las prácticas imperialistas de las otras potencias coloniales estaban siendo practicadas por Austria-Hungría dentro de sus propias fronteras, ya que la monarquía trataba de equilibrar la dinámica entre las diferentes naciones en lucha.

Dado que la estabilización interna era el principal factor de la industrialización y el rápido desarrollo, Austria se quedó rezagada en casi todos los aspectos, a diferencia de sus homólogos alemanes, británicos, franceses y, en cierta medida, rusos. El ejército austrohúngaro no era tan profesional ni disciplinado, ya que había sido derrotado en múltiples ocasiones a lo largo del siglo XIX. Su tecnología militar, su estrategia y su visión general de la guerra no estaban a la altura. La industria y las infraestructuras estaban menos desarrolladas, y Austria-Hungría carecía de una flota competente para desafiar incluso a sus rivales regionales. Pero quizá lo más importante era que la monarquía era reacia a conceder más libertad a sus súbditos.

La decisión del canciller Otto von Bismarck de aliarse con Austria-Hungría puede justificarse, ya que Alemania se centraba en aquel momento principalmente en la seguridad regional y necesitaba a Austria como aliado frente a Francia, que era percibida como más poderosa y competente. Pero a medida que el único aliado de Viena desviaba su atención para perseguir objetivos imperialistas globales y desafiar a los británicos por el dominio, a los Habsburgo les resultaba más difícil mantener un control firme sobre sus súbditos. Con el tiempo, Austria-Hungría, a pesar de su relativo atraso, fue responsable indirecta de evitar que Europa estallara en una guerra total. Rusia, que era el principal rival regional de Austria, estaba dispuesta a fomentar los conflictos internos y socavar el dominio de los Habsburgo en su propio beneficio, mientras que Francia y Gran Bretaña creían que Alemania no podía tener ninguna oportunidad contra la Entente Cordiale sin unos aliados poderosos. Al final, la incapacidad de los Habsburgo para resolver las tensiones dentro de sus fronteras se convirtió en una de las causas más destacadas de la Primera Guerra Mundial.

El enfermo de Europa

Otra antigua gran potencia que desempeñó un papel importante en la Primera Guerra Mundial fue el Imperio otomano. Al igual que Austria-Hungría, el poder de los otomanos en el apogeo de su existencia era inmenso; el imperio se extendía desde el sureste de Europa hasta Anatolia, Oriente Próximo y el norte de África. Pero los gobernantes otomanos también se enfrentaron a problemas similares a los de Austria-Hungría, lo que dio lugar a un imperio atrasado al borde del colapso. De hecho, como las tierras otomanas se extendían más allá de los dominios de los Habsburgo, vivieron tiempos más difíciles porque no fueron capaces de seguir el ritmo de la industrialización y la modernización. A veces, se hace referencia al Imperio otomano como el «enfermo de Europa», un nombre utilizado por primera vez por el zar Nicolás II de Rusia.

Una de las principales luchas del Imperio otomano fue el hecho de tener una religión diferente a la europea y ser percibido como un enemigo natural de los europeos cristianos. Aunque la cristiandad veía divisiones entre sí, los otomanos musulmanes nunca fueron considerados amigos. Los enfrentamientos entre europeos y otomanos siempre fueron, de un modo u otro, una manifestación de la rivalidad subyacente entre las ideologías cristiana y musulmana.

Esto resultó ser una desventaja, ya que los otomanos tuvieron que enfrentarse a veces a varias naciones cristianas a la vez en batalla. Por ejemplo, durante el asedio de Viena en 1683, los ótomanos habían avanzado considerablemente hacia la toma de la capital austriaca, pero se vieron frenados en seco tras la llegada de una fuerza de socorro polaca, que obligó a los otomanos a abandonar el asedio y retirarse. Los polacos habían sido motivados por el papa para ayudar a Viena y detener a los invasores musulmanes. A pesar de la desunión general de las naciones europeas, se unieron una y otra vez cuando se dieron cuenta de que la amenaza otomana había llegado a sus puertas.

El declive del Imperio otomano fue gradual, comenzando principalmente en el siglo XVII. Cuando los otomanos estaban en la cima de su poder, ninguna nación europea se atrevía a desafiarlos. Antes de la Era de las Exploraciones, los otomanos se convirtieron en los amos del Mediterráneo y controlaban gran parte del flujo comercial entre Europa y Asia, beneficiándose inmensamente de las rutas comerciales que tenían que pasar por sus territorios. Su monopolio sobre el comercio oriental obligó a los europeos a buscar rutas alternativas hacia Asia. Finalmente pudieron sortear el obstáculo otomano tras descubrir la ruta que rodeaba el continente africano y conducía a Asia. Con el tiempo, esto disminuyó la fuerza económica del Imperio otomano, ya que los mercaderes europeos no tuvieron que atravesar más las tierras turcas para llegar a los ricos mercados indios.

Además de las luchas económicas, el Imperio otomano experimentó un problema de industrialización similar al de austriacos y rusos. A diferencia de Gran Bretaña, Francia y Alemania, donde la rápida industrialización había despegado gracias a su relativa estabilidad, los otomanos no podían permitirse ese lujo. Extendido por tres continentes, el Imperio otomano luchaba por mantener el orden en sus distantes provincias y era incapaz de reprimir las rebeliones que surgían. De los principales actores de la Primera Guerra Mundial, los otomanos fueron los que nunca se desprendieron realmente de la monarquía conservadora. Incluso Austria-Hungría dependía menos de ella. La falta de centralización y la aparición de sentimientos nacionalistas, sobre todo en la parte europea del Imperio otomano, provocaron la escisión de muchas provincias. Recibieron el apoyo de los rivales regionales de los otomanos, que deseaban ver el colapso de un imperio antaño poderoso.

Las disparidades tecnológicas surgidas tras el periodo de industrialización también afectaron al dominio turco. Por ejemplo, las naciones europeas adoptaron nuevas tecnologías militares que les dieron una enorme ventaja sobre los otomanos. De hecho, gran parte de su fuerza residía en el tamaño de sus ejércitos. Los otomanos eran capaces de reunir regularmente ejércitos compuestos por decenas de miles de hombres, a diferencia de sus homólogos europeos durante gran parte de la Baja Edad Media. Por aquel entonces, el destino de una batalla se decidía en gran medida en función del bando que dispusiera de una fuerza mayor.

Con el paso del tiempo y el avance de la tecnología, quedó claro que el número de soldados no garantizaba el éxito. Los soldados otomanos estaban simplemente superados en las guerras, no solo por carecer de equipamiento moderno para dirigir las batallas de forma competente, sino también por carecer de la moral, la profesionalidad, la experiencia y la disciplina general de las tropas europeas. Su derrota en la guerra con Rusia por Crimea demostró aún más claramente la disparidad que existía entre ella y los europeos. Todo es relativo cuando se trata de desarrollo. Nunca se consideró que el ejército ruso estuviera a la altura de los «verdaderos» estándares europeos, pero consiguió aplastar a las fuerzas otomanas con relativa facilidad.

El polvorín balcánico

Muchos problemas subyacentes inquietaron al Imperio otomano durante mucho tiempo. Cuando las potencias europeas advirtieron su posición de superioridad, se implicaron activamente en los procesos que condujeron al colapso del imperio. El dominio otomano estaba centralizado en Estambul, así como en la Anatolia y Asia Menor, étnicamente turcas, pero era muy débil en las provincias periféricas, que se separaron del imperio en primer lugar. Los movimientos independentistas de Egipto, por ejemplo, recibieron rápidamente el apoyo de los británicos, que también financiaron activamente la construcción del canal de Suez. Los británicos y los franceses también se implicaron cada vez más para acabar con el control otomano en regiones que les interesaban por su proximidad a sus posesiones coloniales. Así, a finales del siglo XIX, Estambul había perdido el control de toda la costa norteafricana, con la excepción de Libia, así como de muchas de sus posesiones europeas. Los otomanos solo controlaban efectivamente la actual Turquía y la mayor parte de Oriente

Próximo.

Sin embargo, el mayor punto de discordia entre los otomanos y los europeos eran los Balcanes, una región de gran diversidad étnica e importancia estratégica en cuya evolución influían las políticas exteriores de los imperios vecinos, es decir, Austria, el Imperio otomano y Rusia. Los Balcanes constituían una zona de amortiguación natural entre los otomanos y Europa, y como las naciones balcánicas no gozaban de independencia, los otomanos representaban una gran amenaza para la seguridad de Europa. Cada actor veía la región como su propia esfera de influencia. Los otomanos habían controlado la mayor parte de la región desde sus primeros días como imperio, y su reivindicación y empeño ideológico de que eran «europeos» se basaba en gran medida en que controlaban los Balcanes. Austria-Hungría era un conglomerado de muchas naciones e incluía a gran parte de los pueblos balcánicos dentro de sus fronteras. La política exterior de los Habsburgo siempre se basó en aumentar el alcance del imperio para reunirse con sus hermanos y hermanas que habían quedado atrás, atrapados bajo el tiránico dominio musulmán de los otomanos. Rusia se veía a sí misma como un líder natural, un hermano mayor de todos los pueblos étnicamente eslavos y ortodoxos de Europa, y había intentado aumentar su presencia en los Balcanes en múltiples ocasiones. Los tres bandos tenían sus propias razones para disputarse el dominio de la península balcánica.

Pero lograr la estabilidad en los Balcanes era extremadamente difícil debido a la presencia de tantas nacionalidades y etnias, cada una con su propia identidad. El sentimiento nacionalista era muy fuerte en la región balcánica, y tales movimientos, especialmente cuando se unían a un Imperio otomano en rápida decadencia, conocieron un gran éxito a lo largo del siglo XIX. Por ejemplo, la lucha por la independencia de Grecia en las décadas de 1820 y 1830 contó con el apoyo de Gran Bretaña, Francia y Rusia, y el país consiguió liberarse de los otomanos en 1832. Esto debilitó la presencia otomana en Europa y también inspiró a las naciones fronterizas a luchar por su propia independencia.

Serbia obtuvo su autonomía del Imperio otomano en 1830. Como Serbia era ortodoxa, su independencia estaba garantizada por Rusia. El protectorado ruso resultó muy beneficioso, ya que Serbia consiguió ganancias territoriales tras la victoria rusa en la guerra contra los otomanos en 1878. Bulgaria también obtuvo la autonomía en 1878. Además, la región autónoma de Bosnia-Herzegovina fue ocupada por los austriacos, intercalando las posesiones otomanas de los Balcanes entre estados independientes y provincias autónomas.

Los otomanos perdieron realmente el control de la mayor parte de los Balcanes en 1908, cuando se produjo un cambio importante en Estambul. La Revolución de los Jóvenes Turcos consiguió ganar mucho terreno, ya que abogaba por la promoción de valores más liberales y cambios fundamentales en la estructura sociopolítica de la vida otomana, incluida la concesión de más autonomía a sus provincias. En 1908, el sultán Abdul Hamid II se vio obligado a aceptar las condiciones planteadas por los revolucionarios y a reinstaurar una monarquía constitucional, renunciando a gran parte de sus privilegios como sultán y debilitando la influencia otomana en la región balcánica.

Esta oportunidad fue rápidamente aprovechada por Austria-Hungría, que ya se consideraba el legítimo gobernante de Bosnia, anexionándose el territorio a finales de 1908. La crisis del Imperio otomano no terminó ahí, ya que el país entró en guerra con Italia solo tres años después, en 1911, por las ambiciones coloniales italianas en la Libia controlada por los otomanos. Los italianos contaban con un ejército más profesional, disciplinado y, en general, superior dotado de una moral más alta. Pudieron asumir rápidamente una posición dominante en la guerra y obligaron a Estambul a renunciar a su control sobre Trípoli y el resto de las posesiones norteafricanas del imperio aproximadamente un año después, en octubre de 1912.

Los otomanos no podían seguir el ritmo. Las crisis del imperio no parecían tener fin. El imperio se debatía entre la necesidad de llevar a cabo importantes reformas internas y la de gastar más recursos en mantener la paz dentro de sus fronteras. Así, incluso antes de que la guerra con Italia hubiera terminado oficialmente, las naciones balcánicas declararon la guerra, ahora unidas bajo la bandera de la Liga Balcánica, a principios de octubre de 1912. La Liga Balcánica se había formado tras una serie de negociaciones secretas entre Grecia, Serbia, Bulgaria y Montenegro. Las cuatro antiguas provincias otomanas firmaron múltiples acuerdos bilaterales que las vinculaban como aliados defensivos o militares, con el objetivo de mantenerse a salvo de las mayores amenazas regionales, es decir, los otomanos y los austriacos.

Al ver que la guerra con Italia iba terriblemente mal para Estambul, la Liga Balcánica se dio cuenta de que era el momento perfecto para golpear al imperio y expulsar a los turcos de Europa de una vez por todas. Los miembros de la Liga Balcánica se inspiraron en los movimientos nacionalistas del siglo XIX y creían firmemente que podrían vencer a la tiranía otomana si se unían todos. Diseñaron un plan de acción, reconociendo que carecían del número suficiente para enfrentarse a los otomanos. Sin embargo, las principales fuerzas del Imperio otomano estaban ocupadas con los italianos o dispersas por Asia. Así pues, a los otomanos les llevaría mucho tiempo y esfuerzo transportar la mayoría de sus tropas a la zona del conflicto, que no solo estaba justo en la frontera de las naciones balcánicas, sino también muy cerca de Estambul. La Liga Balcánica decidió atacar con rapidez y decisión.

A principios de octubre, las naciones balcánicas declararon la guerra a los otomanos una tras otra y lanzaron una ofensiva unida contra múltiples partes de las posesiones otomanas en la región. Serbia, Montenegro y Bulgaria dirigieron los asaltos por tierra, ya que contaban con la mayoría de las fuerzas terrestres, mientras que el papel principal de Grecia era retrasar los refuerzos otomanos en el mar, ya que los griegos poseían una armada bastante capaz y con experiencia en maniobrar por la zona.

El esfuerzo bélico tuvo éxito. La Liga Balcánica cogió desprevenidos a los turcos y consiguió pequeñas victorias en casi todas las batallas terrestres, mientras que los griegos mantenían a raya a la flota turca en el Egeo y el Mediterráneo. Las naciones victoriosas firmaron un tratado de paz con los turcos en mayo de 1913, poniendo fin a la presencia otomana en Europa después de casi quinientos años. Con el Tratado de Londres, las grandes potencias decidieron las ganancias territoriales para cada nación participante, lo que finalmente condujo a la creación del estado independiente de Albania, la ocupación griega de casi todas las islas otomanas anteriormente en su poder y la clara definición de las fronteras del resto de los estados balcánicos.

Con la derrota del Imperio otomano, el equilibrio de poder regional había vuelto a cambiar drásticamente. Pero las naciones balcánicas victoriosas no podían aceptar el botín de guerra, lo que llevó a la región a otro conflicto armado conocido como la segunda guerra de los Balcanes. Bulgaria declaró la guerra a sus antiguos aliados, Grecia y Serbia, disputándoles el dominio de la región. En un principio, a Bulgaria se le habían prometido más conquistas según los acuerdos secretos previos a la primera guerra de los Balcanes, pero quedó decepcionada cuando serbios y griegos se negaron a hacer más concesiones territoriales. Así pues, los búlgaros invadieron el país con la esperanza de coger por sorpresa a sus antiguos aliados. Sin embargo, sobrestimaron sus propias capacidades. Aunque Bulgaria logró algunos avances, se vio obligada a rendirse en treinta y tres días, en el verano de 1913. Como consecuencia, perdió aún más territorios en favor de Serbia y Grecia e hizo algunas concesiones a Rumania, que se había unido al conflicto hacia el final.

Los sucesos acaecidos en los Balcanes durante el siglo XIX y principios del XX dieron a la región un nombre infame. Al comienzo de la Gran Guerra, los Balcanes tenían fama de ser uno de los lugares políticamente más inestables de Europa. La variedad de grupos étnicos diversos con identidades nacionales distintas había complicado el panorama político y, aunque las superpotencias europeas intentaron influir una y otra vez en la evolución de los Balcanes, al comienzo de la Primera Guerra Mundial ninguna de ellas había asumido una posición dominante en la región.

Mientras tanto, Rusia, otro actor interesado en los Balcanes, se consideraba el hermano mayor de todos los pueblos eslavos concentrados en las naciones balcánicas ortodoxas. Rusia promovía una ideología paneslava y apoyaba los movimientos independentistas. Desde el punto de vista estratégico, Rusia sabía que la independencia de los países balcánicos debilitaría considerablemente a su rival, el Imperio otomano, y podría dar a Rusia acceso a los cálidos puertos del Mediterráneo. Rusia también esperaba que la inestabilidad perjudicara a Austria-Hungría, otro imperio que históricamente había luchado con los pueblos balcánicos.

Austria-Hungría se vio en una situación muy precaria tras las guerras de los Balcanes, ya que incluía a un gran número de pueblos balcánicos dentro de sus vastas fronteras y temía que sus súbditos también se sublevaran, motivados por sus hermanos que habían logrado independizarse. Los Habsburgo y las naciones balcánicas recién liberadas, especialmente Serbia, no se llevaban bien por ese motivo, y no pasaría mucho tiempo hasta que los súbditos balcánicos de Austria-Hungría empezaran a protestar por el dominio que les imponían los Habsburgo.

El «polvorín balcánico», como lo llamarían sus contemporáneos debido a la inestabilidad política innata de la región, acabaría decidiendo el destino del mundo, ya que la Primera Guerra Mundial comenzaría poco después de las guerras Balcánicas. En 1914, el resto del mundo sintió realmente el impacto de la explosión del polvorín balcánico.

Segunda parte: El estallido de la guerra

Capítulo Cinco - El disparo que se escuchó en todo el mundo

Ha llegado el momento de desviar nuestra atención hacia los acontecimientos que condujeron directamente al estallido de la Primera Guerra Mundial y a las primeras fases de la Gran Guerra. Ya hemos observado el complicado y competitivo clima sociopolítico que reinaba en Europa a finales del siglo XIX y principios del XX. Las naciones rivales se desafiaban en cada oportunidad, organizándose en complejos e intrincados sistemas de alianzas. Cada vez era más evidente que la guerra era inminente. Todo lo que se necesitaba era una chispa, algo que encendiera las tensiones entre las superpotencias mundiales y condujera al mundo al caos.

Mientras el menguante Imperio austrohúngaro intentaba aferrarse a su influencia sobre las naciones balcánicas, complicando aún más la situación al tratar de ejercer su poder, el que quizás sea el asesinato más infame de la historia daría lugar a una cadena de desafortunados acontecimientos, que finalmente terminarían con el estallido de la Primera Guerra Mundial.

El problema austriaco

El declive del Imperio otomano no se tradujo directamente en un aumento de poder para Viena. La aparición de las naciones balcánicas como estados independientes supuso una amenaza para la unidad de los Habsburgo. A los Habsburgo les preocupaba que los acontecimientos acaecidos en las fronteras meridionales del imperio se extendieran a Austria-Hungría, que contaba con muchos grupos étnicamente diversos, pueblos cuyos hermanos y hermanas habían logrado la independencia e instaban a otros a unirse a ellos. Los Habsburgo habían intentado una y otra vez resolver el problema de las nacionalidades, pero las medidas que aplicaron nunca fueron realmente efectivas, ya que servían más como soluciones temporales que a largo plazo. La élite gobernante de Austria-Hungría se dividía entre la defensa de un sistema federalista, que concediera un amplio grado de autonomía a las provincias del imperio a cambio de una relativa estabilidad, y medidas más imperativas, como intervenir directamente en la vida política de sus diversos grupos étnicos para desalentar y castigar cualquier movimiento nacionalista.

Los acontecimientos que precedieron a las guerras de los Balcanes también influyeron en la dinámica entre Austria-Hungría y las nuevas naciones independientes. Lo más importante fue que, en 1903, la familia real Obrenović de Serbia, que en general mantenía relaciones algo estables con los Habsburgo, fue derrocada por el ejército serbio durante el golpe de Mayo. El rey y la reina de Serbia fueron brutalmente asesinados, y la familia Karageorgević quedó al mando. El gobierno de la familia Karageorgević se caracterizó por el aumento del sentimiento nacionalista, algo que llevó al deterioro de las relaciones con Viena y a que Serbia tomara un rumbo más prorruso.

Durante los años siguientes, Serbia se implicó cada vez más en los acontecimientos que se desarrollaban en los Balcanes. Intentó ampliar sus fronteras y reunir un ejército profesional para desafiar a sus rivales regionales. Al mismo tiempo, la anexión austriaca de Bosnia y los acontecimientos de la crisis bosnia de 1908 a 1909 dejaron a Serbia decepcionada y enfadada porque muchos de los territorios anexionados estaban habitados predominantemente por serbios. El nacionalismo serbio despegó y los serbios de Austria-Hungría organizaron varias sociedades secretas con el objetivo de promover los valores nacionalistas para lograr la liberación y, al mismo tiempo, perturbar y socavar el régimen de Viena. La *Narodna Odbrana*, creada en 1908, es un ejemplo de una de estas sociedades. Pretendía demostrar que los serbios no pertenecían como súbditos al Imperio de los Habsburgo.

Sin embargo, sus esfuerzos resultaron algo ineficaces, lo que dio lugar a la formación de grupos nacionalistas más radicales. Estas organizaciones operaban en gran medida como grupos terroristas, ya que planeaban los asesinatos de muchos funcionarios austriacos. La Mano Negra adquirió importancia y se consideraba la evolución lógica de la *Narodna Odbrana*. Sus miembros abogaban principalmente por la formación de una Gran Serbia, una entidad que incluiría muchos de los territorios predominantemente serbios y sería precursora de un eventual Estado paneslavo, dirigido por Serbia.

Los movimientos nacionalistas serbios se convirtieron en un importante problema para Viena. Creaban inestabilidad y fomentaban el conflicto entre los súbditos y los gobernantes del imperio. Si el problema no se abordaba con rapidez, podía provocar, al menos a ojos de la élite austriaca, la disolución total de Austria-Hungría. Por ello, los estadistas austriacos empezaron a presionar cada vez más para resolver el problema. Entre ellos estaba el archiduque Francisco Fernando, hijo del archiduque Carlos Luis y sobrino del emperador Francisco José de Austria. En 1889, debido a la prematura muerte del heredero, el príncipe Rodolfo, y luego del archiduque Carlos, Francisco Fernando se convirtió en el siguiente en la línea de sucesión al trono de Austria-Hungría.

Archiduque Francisco Fernando
https://commons.wikimedia.org/wiki/File:Franz_ferdinand.jpg

A pesar de tener relaciones desfavorables con el trono por los problemas que habían surgido con su matrimonio, Francisco Fernando era una figura prominente en el imperio y disfrutaba de una posición de poder relativamente cómoda. Esto se debía principalmente a su influencia en el ejército imperial, ya que en 1913 se había convertido en inspector general del ejército. Sus opiniones políticas, sin embargo, eran muy diferentes de las de la mayoría de sus contemporáneos, ya que no apoyaba realmente a un bando sobre el otro. Por ejemplo, Francisco Fernando creía que la mejor manera de estabilizar el imperio era escuchar a los grupos étnicos y concederles una relativa autonomía.

Demostró más tolerancia y simpatía hacia algunos grupos, como los checos, mientras que desaprobaba a otros, como los serbios y los húngaros. Esta afirmación provenía principalmente del hecho de que criticaba a la rama húngara de la monarquía dual por su incapacidad para contribuir significativamente al gobierno conjunto del imperio. El archiduque Fernando también quería aumentar el papel de Austria-Hungría en la escena internacional. Creía que el imperio debía participar más activamente en los asuntos mundiales como superpotencia europea, y veía la modernización del ejército y la creación de una armada competente como precursoras de una Austria-Hungría más poderosa.

El archiduque Francisco Fernando fue una de las personas que más se pronunció en relación con el problema de Serbia. Su peculiar planteamiento de fomentar una versión del federalismo sin socavar necesariamente la posición de la monarquía era esperanzador, ya que pretendía conseguir lo mejor de ambos mundos y equilibrar la crisis. Sin embargo, se desconocía cómo sería capaz de ponerlo en práctica. Aun así, debido a la prestigiosa posición que ocupaba Fernando, se mostró inflexible a la hora de adoptar un enfoque prudente hacia Serbia, reconociendo que una guerra total sería devastadora para ambas partes.

Pero a pesar de ser sin duda uno de los hombres más poderosos del imperio, el archiduque era muy impopular. Los conservadores húngaros lo despreciaban por sus opiniones federalistas, y muchos grupos étnicos, incluidos los serbios, no lo apoyaban porque creían que sus esfuerzos conducirían a un sentimiento nacionalista pacificado y obstaculizarían su reunificación con sus hermanos y hermanas al otro lado de la frontera.

El asesinato

Así pues, cuando el emperador Francisco José envió al archiduque Francisco Fernando a la capital bosnia de Sarajevo para realizar inspecciones del ejército imperial estacionado en Bosnia, llegó a un lugar en el que la opinión pública agraviada no le era en gran medida favorable. Como ya hemos mencionado, debido a la importante presencia de serbios en Bosnia, el sentimiento antiaustriaco había crecido, algo instigado además por el auge de las organizaciones nacionalistas serbias. Estos grupos sabían que el archiduque visitaría la capital en junio de 1914 y querían aprovecharse de su visita, planeando un asesinato para enviar un mensaje claro al imperio de que no se andaban con tonterías. En cierto modo, en retrospectiva, la visita de Francisco Fernando a un lugar que le era tan hostil no fue precisamente la decisión más inteligente.

Varias organizaciones extremistas participarían en la planificación y ejecución del asesinato. El movimiento Joven Bosnia, compuesto en gran parte por serbios nacidos en Bosnia, tomó la iniciativa. Fuertemente motivados por los relatos populares de heroísmo del folclore local y los legendarios relatos históricos de héroes serbios, los miembros de la Joven Bosnia estaban ansiosos por arriesgarlo todo para lograr su objetivo por el bien mayor, creyendo que la eventual llegada al trono de Francisco Fernando acabaría con sus sueños y esperanzas de unificación. Abastecidos de armas por la Mano Negra serbia, se puso en marcha el plan de asesinato.

El día de la visita del archiduque a Sarajevo cayó en Vidovdan, una fiesta nacional serbia que conmemoraba la batalla de Kosovo de 1389 entre el Imperio otomano y Serbia. Para los conspiradores era, en cierto modo, simbólico, ya que un asesino serbio había conseguido asesinar entonces al sultán otomano. Esperaban poder repetir los hechos. Francisco Fernando debía recorrer las calles de Sarajevo con su esposa en un coche descubierto como parte de una comitiva con escolta policial. Seis asesinos conocían la ruta predeterminada y se armaron con granadas de mano. Tomaron posiciones y esperaron pacientemente a que Francisco Fernando pasara.

Sin embargo, a pesar de la buena disposición de los asesinos, el primer intento de asesinar al archiduque no tuvo éxito. Los primeros asesinos —Muhamed Mehmedbašić, un veterano miembro de la Mano Negra, y Vaso Čubrilović— fracasaron en su intento. Ambos iban armados con granadas de mano y pistolas, pero ninguno de los dos decidió atacar cuando la comitiva pasó junto a ellos. El siguiente asesino, Nedeljko Čabrinović, estaba apostado en el lado opuesto de la carretera, más adelante en la ruta. Čabrinović lanzó una granada, pero falló. El dispositivo rebotó en el coche del archiduque y volvió a caer en la calle. Detonó cuando el siguiente coche de la comitiva estaba encima, provocando una gran explosión que hirió hasta a veinte personas.

Čabrinović vio que su esfuerzo era infructuoso. Se tomó una pastilla de cianuro y saltó al río Miljacka, pero sobrevivió y fue arrastrado por la multitud antes de ser finalmente detenido por la policía. La comitiva se percató de que la vida del archiduque corría peligro y aceleró el paso, adelantándose a los demás asesinos sin darles oportunidad de reaccionar. Francisco Fernando sobrevivió al intento de asesinato y huyó al ayuntamiento.

Allí, el archiduque discutió la situación con los oficiales y el gobernador, expresando su enfado por el hecho de que alguien había intentado matarlo. Las partes coincidieron en que se había evitado el desastre, y el archiduque Fernando, motivado por su esposa, decidió no quedarse en el ayuntamiento y hacer una visita a los heridos en el atentado. El archiduque regresó al coche con su esposa y el alcalde, y la comitiva se dirigió al hospital cercano. Lo que ocurrió a continuación es probablemente el acontecimiento más irónico que cambió el curso del mundo para siempre.

En un desafortunado giro de los acontecimientos, la nueva ruta propuesta por el gobernador Oskar Potiorek no fue comunicada eficazmente a los conductores de la comitiva. En lugar de modificar la ruta de acuerdo con el nuevo plan, los conductores siguieron la ruta antigua y se equivocaron de camino en el Puente Latino. El error resultó fatal. Tras el primer asesinato fallido, uno de los asesinos, un estudiante serbobosnio de diecinueve años llamado Gavrilo Princip, decidió abandonar su posición y dirigirse a una tienda de comestibles en el Puente Latino, adonde el Archiduque

Francisco Fernando fue conducido accidentalmente por una caravana equivocada.

El asesinato de Francisco Fernando
https://commons.wikimedia.org/wiki/File:Assassination_of_Archduke_Ferdinand.jpg

Cuando la comitiva tomó una curva equivocada, el gobernador Potiorek gritó al conductor del primer coche desde el tercer coche, donde estaba sentado con el archiduque y la duquesa Sofía, que se detuviera y retrocediera hasta la carretera principal. Cuando la caravana se detuvo, Princip se dio cuenta de que el archiduque estaba atascado en un puente justo delante de él a corta distancia. Procedió a efectuar dos disparos con su pistola FN Modelo 1910, hiriendo mortalmente al archiduque y a su esposa embarazada antes de ser inmediatamente apresado por la multitud.

Así pues, el archiduque Francisco Fernando de Austria había sido asesinado con éxito por los extremistas radicales serbios, un acontecimiento que tendría implicaciones masivas para el resto del mundo.

Crisis de julio

El asesinato del archiduque Francisco Fernando acabaría provocando una reacción en cadena que vería a todas las potencias europeas rivales entrar en guerra entre sí, cayendo como fichas de dominó en fila, y arrastrando a las demás al conflicto con ellas.

Como próximo heredero de Austria-Hungría, Francisco Fernando era una figura política muy importante en Europa, y era lógico que el imperio se viera agraviado, aunque el archiduque no gozara de mucha popularidad. Debido a las tensas relaciones entre los Habsburgo y los serbios, el asesinato tenía un significado político subyacente aún más fuerte.

Como ya hemos observado, Austria-Hungría pretendía extender su influencia a los estados más pequeños y débiles de la región. Austria necesitaba un acontecimiento que justificara una posible guerra, y el asesinato de su heredero era más que suficiente. Los acontecimientos que siguieron al asesinato del archiduque Francisco Fernando se conocen como la «crisis de julio». A lo largo de julio, diferentes actores intentaron justificar o evitar la guerra. Quedaría claro que el equilibrio de poder que se había establecido cuidadosamente durante las últimas décadas estaba a punto de desmoronarse.

Aunque la población de Austria-Hungría estaba consternada por el asesinato del archiduque, la reacción inmediata en Viena no fue la que cabría esperar. El emperador Francisco José conocía el complejo clima político de la región y prefirió llevar a cabo investigaciones sobre el asesinato para determinar si el gobierno de Serbia tenía o no algo que ver. Los interrogatorios de los asesinos detenidos determinaron su origen serbio, así como su pertenencia a organizaciones extremistas radicales. Sin embargo, los enviados serbios afirmaron inmediatamente que habían advertido a Austria-Hungría de los peligros potenciales asociados a la visita del archiduque Francisco Fernando antes de su llegada y también negaron que Belgrado tuviera algo que ver con el asesinato.

A principios de julio, había quedado claro que el asesinato del archiduque era otra crisis más a la que Austria-Hungría tenía que enfrentarse. Ponía de manifiesto la prolongada incapacidad del imperio para tratar con eficacia a los pueblos alterados que habitaban dentro de sus fronteras y suponía un desafío legítimo a la competencia de los Habsburgo. El gobierno austriaco empezó a debatir si la guerra con Serbia era o no una posibilidad real y a discutir las posibles reacciones de las potencias europeas ante el conflicto.

Serbia era aliada de Rusia, pero ¿estarían dispuestos los rusos a apoyar a una nación tan pequeña y arriesgarse a librar una guerra total con los austriacos? Si Viena conseguía desenmascarar la implicación serbia en los sucesos acaecidos en Sarajevo, tendría la justificación perfecta para entrar en guerra, y sería mucho más rápido llevar a cabo una ofensiva con éxito. Rusia simplemente no tendría tiempo de responder a las acciones de Austria en Serbia porque estaba muy lejos. Además, el ejército ruso necesitaría una rápida movilización, algo que Moscú no era realmente capaz de hacer.

Para Austria, localizar el conflicto y derrotar rápidamente a los serbios sería el mejor resultado. No solo evitaría la escalada de la guerra con Rusia, sino que también sería percibida como una acción decisiva por parte de Viena para hacer frente a la crisis del asesinato. Aun así, el emperador prefirió esperar antes de tomar una decisión tan importante, prefiriendo consultar con su estado mayor y sus aliados.

En la primera semana de julio, Austria-Hungría había conseguido el respaldo de Alemania, que se comprometió a apoyar cualquier acción militar austriaca contra los serbios. Alemania creía que Rusia no supondría una amenaza para el ejército alemán. Esta confianza estaba justificada, ya que Alemania había invertido mucho más en la modernización de sus fuerzas desde la década de 1870 en comparación con Rusia. El alto mando alemán apoyaba unánimemente la idea de que Austria-Hungría entrara en guerra con Serbia y eliminara el recién creado estado-nación, ya que aumentaría aún más la presencia de los Habsburgo en la región y debilitaría a Rusia. De hecho, los funcionarios alemanes afirmaron abiertamente que la situación era una oportunidad para Austria y declararon su firme apoyo a cualquier acción austriaca con el infame «cheque en blanco», que en esencia significa que Alemania daba a Viena libertad ilimitada para resolver la crisis.

Aun así, faltaban pruebas de la implicación serbia en el asesinato. El gabinete de ministros de Austria-Hungría se reunió para discutir adecuadamente un plan de acción conjunto. La guerra era ciertamente popular entre la mayoría, pero en última instancia, los funcionarios decidieron presentar un ultimátum a Serbia para que Austria-Hungría pudiera tener una justificación adecuada y legal para la guerra. El principal partidario de esta decisión fue el primer ministro húngaro, Esteban Tisza.

El consejo quería presentar a Serbia una lista de exigencias imposibles de cumplir, una acción provocadora que desembocaría definitivamente en la guerra. Sin embargo, Tisza consiguió persuadir a los ministros para que redactaran otra serie de ultimátums, una lista que seguiría siendo dura con Serbia, pero aceptable en cierto modo para los serbios. Tisza creía que Austria-Hungría saldría ganando. Si Belgrado aceptaba las condiciones, Viena lo consideraría una proeza diplomática. Si se negaban, Austria se vería obligada a ir a la guerra y probablemente saldría victoriosa. Se redactaron varias versiones del ultimátum y se presentaron al emperador. El 19 de julio, el borrador final estaba listo para ser enviado a Belgrado.

Sin embargo, los austriacos decidieron esperar unos días más. En ese momento, la delegación francesa, que incluía al presidente Raymond Poincaré y al primer ministro René Viviani, visitaba al zar Nicolás II en San Petersburgo. La fecha de la visita coincidió simplemente con la crisis; no se había planeado como respuesta al asesinato. Sin embargo, ambas partes hablaron del asesinato y de la posibilidad de que estallara una guerra. La alianza franco-rusa había resultado beneficiosa para ambas partes. Francia estaba contenta de mantener relaciones amistosas con Rusia debido a su reducida posición internacional y la veía como un elemento disuasorio contra Alemania. Rusia se benefició de la financiación proporcionada por París para modernizar su ejército, apoyar proyectos de infraestructura y seguir el ritmo del resto del mundo en desarrollo. El presidente Poincaré aseguró al zar Nicolás II que Francia se comprometería con la alianza con Rusia, incluso si la situación se agravaba. La visita resultó ser crucial, ya que Rusia contaba ahora con el respaldo de Francia.

El 23 de julio, cuando la delegación francesa abandonaba San Petersburgo rumbo a París, Austria-Hungría presentó su versión final del ultimátum a Serbia. Contenía diez puntos que Belgrado debía cumplir en un plazo de cuarenta y ocho horas. Si Serbia rechazaba alguna de las condiciones en el plazo fijado, el embajador austriaco debía marcharse inmediatamente y suspender todas sus actividades diplomáticas. En retrospectiva, el ultimátum era poco realista. Era muy improbable que Serbia o cualquier otra nación soberana aceptara unánimemente las diez condiciones. Socavaban fuertemente el poder del gobierno serbio, pero aumentaban el de Austria-Hungría de forma espectacular.

Serbia debía suprimir todos los movimientos, publicaciones y enseñanzas antiaustriacos y disolver las organizaciones nacionalistas, como la *Narodna Odbrana*. Austria alegó que la situación en Serbia amenazaba la seguridad del imperio, algo que quedó patente con el asesinato del archiduque. La parte austriaca también quería implicarse cada vez más en los procesos sociopolíticos serbios, exigiendo que Serbia permitiera la llegada de funcionarios austriacos para supervisar las acciones de su gobierno y su ejército, así como garantizar la eliminación del sentimiento antiaustriaco. También exigía la detención inmediata de todos los sospechosos implicados en el asesinato y el inicio de una nueva investigación dirigida por Austria. En conjunto, el ultimátum era un documento condescendiente y humillante, cuyo principal objetivo era afirmar el dominio austrohúngaro sobre la pequeña nación de Serbia y provocar a Belgrado para que iniciara una guerra.

La semana posterior al 23 de julio fue testigo de una conmoción sin precedentes en toda Europa. Serbia se vio obligada a responder rápidamente, pero sabía que aceptar el ultimátum atentaría contra su soberanía y supondría un revés para la nación tras haber recuperado con éxito su independencia. Serbia consultó con su aliada, Rusia, pero el zar no estaba dispuesto a respaldar totalmente a Belgrado y solo respondería si Austria-Hungría actuaba primero. Rusia sugirió a Serbia que aceptara los términos del ultimátum o, al menos, aceptara parcialmente algunas de las exigencias y solicitara una prórroga del plazo. El ministro de Asuntos Exteriores ruso, Sergey Sazonov, también intentó persuadir a las potencias europeas para que instaran a Austria a ampliar el plazo y solicitó que Viena demostrara la implicación oficial serbia en el asesinato. Esta petición fue, por supuesto, denegada por los austriacos al no disponer de pruebas suficientes.

Gran Bretaña actuó como mediadora entre Austria y Serbia. El ministro de Asuntos Exteriores británico se mostró cauteloso ante las consecuencias y reconoció que Europa estaba abocada a una guerra total si no se abordaba adecuadamente la crisis. Se convocó una asamblea en Londres para discutir el asunto y se determinó que el ultimátum sería inaceptable para cualquier nación soberana. Europa estaba cada vez más preocupada por la posible escalada de la situación.

Al día siguiente, 24 de julio, Serbia se dio cuenta de que la guerra con Austria era inminente y empezó a movilizar su ejército. Al mismo tiempo, Rusia ordenó una movilización parcial, influida por el ministro de Asuntos Exteriores Sazonov, que había mantenido conversaciones con el embajador francés en San Petersburgo, Maurice-Georges Paléologue. Para entonces, la delegación francesa aún no había regresado a París, y el embajador Paléologue instó a Sazonov a que comprendiera realmente el estado de la crisis. Sazonov estaba convencido de que la inacción rusa desembocaría en un dominio austriaco indiscutible en los Balcanes. Convenció al zar para que ordenara una movilización parcial, a pesar de que la mayoría de los ministros rusos creían que Rusia no estaba preparada para una guerra a gran escala tanto con Austria-Hungría como con Alemania.

Aun así, quizá temeroso de que una posible toma de Serbia por parte de Austria supusiera una nueva derrota de Rusia en la escena internacional, el zar Nicolás II se vio obligado a actuar, poniendo al ejército en estado de máxima alerta. El zar sabía que contaba con el respaldo de Francia, pues acababa de reunirse con el presidente francés, y decidió adoptar una postura más proactiva en la crisis austro-serbia, a pesar de que las reformas militares rusas aún no habían concluido. El zar también esperaba que la movilización parcial disuadiera a Austria-Hungría de declarar inmediatamente la guerra y en su lugar pensara en resolver el asunto por la vía diplomática. En lugar de ello, produjo una respuesta más agravada por parte de Viena, ya que los austrohúngaros, motivados por Alemania, se dieron cuenta de que Rusia iba en serio.

El 25 de julio, Serbia respondió oficialmente al ultimátum de Austria-Hungría. Aunque se desconoce la respuesta exacta, se cree que Serbia aceptó todas las exigencias excepto una o dos, que se consideraban una violación directa de la independencia y soberanía de Serbia. La comunidad internacional recibió esto como una buena noticia. Gran Bretaña creía que la respuesta de Serbia era comprensible. Francia y Rusia también creyeron que la respuesta serbia era más que satisfactoria y que Austria-Hungría no debía proceder a declarar la guerra. Incluso el káiser Wilhelm de Alemania, que había estado ausente todo este tiempo en su crucero anual por el mar del Norte, declaró que Austria debería haber reconsiderado una guerra total y solo ocupar Belgrado para castigar a los serbios y obligarlos a cumplir los términos del ultimátum.

Sin embargo, Austria-Hungría no escuchó ninguno de estos comentarios, ni falta que le hacía. Tenía el «cheque en blanco» alemán y creía tener una razón legítima para justificar la guerra contra Serbia. Además, Viena pensaba que actuaría con rapidez y decisión, eliminando al ejército serbio antes de que el grueso de las fuerzas rusas pudiera intervenir. E incluso si San Petersburgo decidía actuar, Alemania ayudaría a hacer frente a las fuerzas rusas. Así, el 27 de julio, Austria-Hungría ultimó sus preparativos de guerra movilizando al ejército. Alemania aseguró a Austria-Hungría su posición inamovible.

A esas alturas, estaba claro que la guerra era inminente, pero cada actor percibía de forma diferente la magnitud del conflicto que se avecinaba. La crisis de julio aún no había terminado, ya que en los tres días siguientes también se producirían acontecimientos críticos, pero tras un mes de maniobras políticas no se pudo evitar la guerra.

El 28 de julio de 1914, Austria-Hungría declaró la guerra a Serbia, dando comienzo a la Primera Guerra Mundial.

Capítulo Seis - Europa en guerra

El asesinato del archiduque Francisco Fernando sumió al continente europeo en un mes de incertidumbre. Austria-Hungría, en busca de una oportunidad para aumentar su presencia en los Balcanes, percibió el asesinato de su heredero como una justificación para la guerra con Serbia, a pesar de que el gobierno serbio no tenía nada que ver con el asesinato. A lo largo de julio, el juego de acusaciones entre Viena y Belgrado alcanzó su punto álgido con la negativa de Serbia a aceptar todas las exigencias del ultimátum, lo que Austria-Hungría percibió como una razón legítima para declarar la guerra. Sin embargo, la percepción austriaca de que la guerra sería rápida y decisiva resultó ser errónea. Tras la declaración de guerra del 28 de julio, el resto de Europa se involucraría en el conflicto, dando comienzo a la Primera Guerra Mundial.

Europa entra en la guerra

A pesar de los comentarios de la comunidad internacional para resolver las disputas con Serbia por la vía diplomática, Austria-Hungría procedió a declarar la guerra e invadió Serbia el 28 de julio de 1914. Tras conocer la noticia, el zar Nicolás II de Rusia ordenó a sus tropas reunirse en las cuatro provincias que lindaban directamente con los territorios de Austria. Este fue el último esfuerzo de Rusia para disuadir a Austria de iniciar una guerra total contra Serbia, pero no tuvo éxito. Al día siguiente, la artillería austriaca bombardeó Belgrado, provocando que Rusia movilizara completamente su ejército. Alemania ordenó una movilización parcial. Hay que señalar que tanto el zar Nicolás II como el káiser Guillermo II intentaron evitar que la guerra se intensificara, apoyando una resolución pacífica del conflicto. Sin embargo, sus opiniones se vieron socavadas por los militares ávidos de guerra de Austria-Hungría. Los líderes alemanes y rusos intercambiaron una serie de cartas entre sí, intercambiando sus preocupaciones, pero ya era demasiado tarde. La guerra ya estaba en marcha.

Mientras Alemania y Rusia se vigilaban mutuamente y Austria bombardeaba Belgrado, el presidente francés Poincaré llegó por fin a París de su viaje a San Petersburgo. Aunque estaba al corriente de la situación, fue recibido con un sentimiento patriótico y antialemán. Los franceses instaron a su presidente a actuar con decisión. Paralelamente a la llegada de Poincaré, el káiser Guillermo II decidió movilizar finalmente todas las fuerzas alemanas, preparando a la nación para la guerra en dos frentes. Los franceses también respondieron, exigiendo a Alemania que diera marcha atrás, amenazando con la guerra.

El 31 de julio, Alemania envió dos ultimátums: uno a Rusia y otro a Francia. Berlín exigió que Rusia detuviera su movilización y que Francia se declarara neutral en las siguientes veinticuatro horas. Sin embargo, como era de imaginar, esto fue en vano. Rusia y Francia decidieron ignorar las exigencias de Berlín.

Así, el 1 y el 3 de agosto, Alemania declaró la guerra a Rusia y Francia, respectivamente. Para proseguir con su ofensiva planeada de antemano, los alemanes se dirigieron a Bélgica para que su ejército atravesara el territorio neutral belga en dirección a Francia, pero les fue denegado. Alemania declaró entonces la guerra a Bélgica.

Italia, al ver cómo se desarrollaban los acontecimientos y cómo sus aliados entraban en guerra con otras grandes potencias europeas, decidió declararse neutral. Los italianos no estaban obligados a unirse a la guerra porque esta no era defensiva. Según los términos de la Triple Alianza secreta entre Alemania, Austria e Italia, las tres potencias solo tenían que participar en las guerras de las demás si la guerra les había sido declarada por el enemigo. Así, como Austria había sido la que había declarado la guerra a Serbia y como Alemania había declarado la guerra tanto a Francia como a Rusia, Italia no tenía que actuar. Conscientes de la destrucción que podría causar una guerra total, los italianos decidieron mantener la neutralidad.

El 4 de agosto, otra gran potencia entraría en guerra: Gran Bretaña. La postura británica sobre el conflicto había quedado clara; Londres había instado a Austria a resolver la crisis con Serbia por medios diplomáticos y se oponía en general a la guerra, ya que estaba lidiando con el movimiento independentista irlandés, que había ganado protagonismo en los años previos a la guerra. El Parlamento británico debatió la entrada de Gran Bretaña en la guerra durante los primeros días, pero se vio obligado a declarar la guerra a Alemania después de que esta invadiera Bélgica, cuya independencia había sido garantizada por Gran Bretaña. Los británicos exigieron a los alemanes que se retiraran de Bélgica el 3 de agosto y, ante la negativa, entraron oficialmente en guerra el 4 de agosto.

Las distintas potencias procedieron entonces a declarar la guerra a sus respectivos aliados. Austria-Hungría a Rusia el 5 de agosto, Serbia a Alemania el 6 de agosto, y Gran Bretaña y Francia a Austria-Hungría el 10 y el 12 de agosto. Esta última declaración de guerra siguió a la declaración de guerra de Japón a Alemania el 23 de agosto y a la posterior respuesta de Austria-Hungría a Japón el 25 de agosto. Austria-Hungría también declaró formalmente la guerra a Bélgica el 28 de agosto.

Este efecto dominó parece lógico e inevitable en retrospectiva. Obligadas por intrincados acuerdos de alianza arraigados en el odio mutuo y los intereses nacionales, casi todas las grandes potencias del mundo, salvo Estados Unidos e Italia, se habían unido a la guerra a finales de agosto de 1914. Así, en los dos meses siguientes al asesinato del archiduque Francisco Fernando, el mundo estaba dividido en dos: el eje germano-austriaco conocido como las Potencias Centrales, y la Triple Entente de Rusia, Francia y Gran Bretaña y sus respectivos aliados, denominados simplemente los Aliados. Esta rápida y brusca polarización se hizo esperar. Los dos bandos se habían desafiado indirectamente durante décadas, evitando la confrontación militar en múltiples y tensos casos. Quizás eran conscientes de que un conflicto potencial podría alcanzar un nivel nunca visto.

Merece la pena analizar nuevamente las posiciones tanto de los Aliados como de las Potencias Centrales y discutir qué era exactamente lo que estaba en juego para cada nación que había entrado en la guerra.

Las Potencias Centrales

Ya hemos hablado de las motivaciones de las acciones de Austria-Hungría. La monarquía dual había atravesado tiempos difíciles tras la derrota de Napoleón y la reorganización del orden mundial internacional. Los principales problemas de Austria-Hungría residían en el hecho de que la familia gobernante, los Habsburgo, se había negado una y otra vez a reducir su propio poder y permitir la implantación de prácticas más liberales y democráticas. Cuando estalló la Primera Guerra Mundial, Austria-Hungría seguía siendo una monarquía conservadora con normas y creencias anticuadas.

Los recientes acontecimientos regionales y mundiales afectaron a la eficacia del gobierno de los Habsburgo. Austria-Hungría no pudo seguir el ritmo de sus homólogos europeos en lo que a modernización se refiere. El auge del nacionalismo contribuyó directamente al debilitamiento de Austria-Hungría como entidad política, un resultado lógico, dado que el imperio estaba compuesto por múltiples naciones. Estas naciones, aunque siempre habían conocido y practicado sus propias costumbres y tradiciones, además de hablar sus propias lenguas, fueron tomando cada vez más conciencia de sus identidades diferenciadas tras las conquistas napoleónicas, lo que encendió los sentimientos nacionalistas. En una región tan diversa como los Balcanes, esto resultó muy problemático, ya que había muchos grupos que anhelaban la independencia.

Austria-Hungría desconfiaba de estos acontecimientos, pues reconocía que, si aflojaba su control sobre una nación, permitiéndole que se separara y lograra la independencia, iniciaría una reacción en cadena que acabaría llevando a la disolución de todo el imperio. Las guerras de los Balcanes habían tenido consecuencias similares para el Imperio otomano, otra entidad atribulada que sufría el mismo problema de nacionalidad que los austrohúngaros. El asesinato de Francisco Fernando fue una oportunidad para que los Habsburgo reafirmaran su dominio y dejaran claro que seguían siendo lo bastante fuertes. En cierto modo, se podría argumentar que a Austria-Hungría le importaban poco las consecuencias internacionales que siguieron a su guerra contra Serbia, centrándose únicamente en lo que significaría para ella la victoria en la guerra.

El aliado de Austria-Hungría, Alemania, se encontraba en una posición drásticamente diferente a la de su aliado del sur. El Reich alemán fue una consecuencia directa del nacionalismo, ya que este fuerte sentimiento de identidad alemana había motivado a la nación a emerger como potencia regional y mundial. Al haberse constituido como Estado-nación independiente mucho más tarde que sus homólogos europeos, Alemania se dio cuenta muy pronto de que, para ponerse a la altura del mundo en rápida modernización, necesitaba desviar toda su atención a incrementar el desarrollo interno. A diferencia de Austria-Hungría, que sufría por tener muchos grupos étnicos dentro de sus fronteras, Alemania no tenía un problema subyacente que obstaculizara su ascenso hacia el dominio. Por el contrario, era un Estado-nación, lo que significaba que la mayoría de la población era alemana y, en su mayor parte, tenía preocupaciones y objetivos similares en mente. Alemania contaba con grandes recursos materiales que aún no se habían explotado al máximo debido a la anterior desunión de los estados alemanes más pequeños. Tenía una sociedad civil y una estructura política organizadas, con una relación perfectamente equilibrada entre la monarquía, el gobierno y el pueblo. Y, por último, pero no por ello menos importante, Alemania poseía un ejército numeroso, experimentado y disciplinado, uno de los mejores del mundo.

Con la unificación, Alemania se había colocado de repente en una posición poderosa para desafiar a sus rivales y desempeñar un papel más activo en la política internacional. En el siglo XX, Alemania había logrado avances tan sustanciales que desafiaba a Gran Bretaña como líder indiscutible del mundo. Alemania deseaba pasar de ser el país más dominante de Europa a ser el más dominante del mundo, lo que contradecía los esfuerzos anteriores de Bismarck. El desvío del rumbo bismarckiano solo supuso que

Alemania se quedara con Austria-Hungría como aliada. Tener de su lado a esta vieja y menguante monarquía era ciertamente útil como elemento disuasorio contra Francia, pero resultaba inútil para las ambiciones más amplias de Alemania. Además, el resto del mundo reconocía la amenaza potencial de Alemania y, liderado por los esfuerzos de Gran Bretaña, se había unido para socavarla.

En 1914, Alemania era consciente de que necesitaba salir de esta precaria situación y demostrar su poderío internacional. Así pues, buscó una oportunidad para justificar la guerra contra sus rivales regionales. Obligada por su antigua alianza con Austria, Alemania se dio cuenta de que podía utilizar el asesinato para lograr este objetivo. Los alemanes quizás confiaban demasiado en su capacidad para llevar a cabo una guerra en dos frentes. Confiaban en la rápida derrota de Serbia por las fuerzas de Austria-Hungría y creían estar en buena posición para desafiar a la Triple Entente. A diferencia de Austria-Hungría, los alemanes sabían exactamente lo que la guerra contra Serbia significaba para el resto del mundo, pero pensaban que habían tenido tiempo suficiente para prepararse. Solo el tiempo podría decir si su sentimiento de superioridad sobre las demás naciones estaría justificado o sería otro caso de exceso de confianza.

Los Aliados

Las Potencias Aliadas tenían motivaciones drásticamente diferentes. La posición de Rusia era quizá la más parecida a la de Austria-Hungría, ya que San Petersburgo no había sabido adaptarse a los nuevos tiempos, al igual que Viena. Con una estructura política más antigua y unos canales de participación política limitados, Rusia era quizá la Gran Potencia más conservadora al comienzo de la Primera Guerra Mundial. A medida que diferentes monarcas entraban y salían, la percepción que Rusia tenía de sí misma cambiaba una y otra vez: algunos abogaban por que Rusia asumiera una posición europea moderna y una mayor liberalización, mientras que otros querían que Rusia abrazara su estatus único que incorporaba las características europeas y asiáticas del imperio.

En general, a finales del siglo XIX y en la primera década del XX, San Petersburgo empezó a percibirse como el protector de todas las naciones cristianas ortodoxas de Europa Oriental y el hermano mayor de las naciones eslavas que estaban bajo el control de Austria-Hungría y el Imperio otomano. Moscú era vista como la «tercera Roma». Imponer y preservar esta actitud de responsabilidad divina rusa de ejercer influencia sobre las naciones eslavas ortodoxas de Europa Oriental tuvo consecuencias directas en la política exterior rusa de principios del siglo XX.

El principal punto de discordia para Rusia eran los Balcanes, una región en la que se concentraban muchas naciones eslavas ortodoxas, lo que daba a Rusia una justificación para implicarse en su política e influir en las decisiones importantes. Además, Rusia era la nación más grande y poblada, lo que les daba una ventaja constante frente a sus rivales. En ocasiones, estos se sentían tan intimidados por el tamaño y el potencial del país que se negaban a actuar en su contra. Sin embargo, el tamaño del imperio dificultaba la cohesión, ya que San Petersburgo extendía sus capacidades a dos continentes. Rusia también se quedó atrás en la industrialización, ya que seguía dependiendo principalmente de la agricultura y la exportación de materias primas, dos actividades que se estaban quedando obsoletas. Las otras grandes potencias habían pasado a fomentar su industria.

Rusia era, por tanto, una superpotencia que no había desplegado realmente su potencial, un factor que servía de ventaja y de desventaja para sus amigos y enemigos. Tras haber logrado unas relaciones favorables con Gran Bretaña y Francia y haber resuelto las disputas del pasado con Japón, Rusia estaba más que dispuesta a centrarse en desafiar a Austria-Hungría en los Balcanes para reafirmar su posición dominante como protectora de las naciones eslavas. Proteger a Serbia fue un movimiento simbólico. En retrospectiva, si Rusia hubiera optado por dejar que Serbia luchara sola contra los austrohúngaros, tal vez se habría evitado toda la guerra. Sin embargo, para consolidarse como superpotencia europea, Rusia creía firmemente que tenía que ser decisiva en lo que se refería a su esfera de influencia.

Como ya hemos mencionado, el zar Nicolás II de Rusia dudaba en apoyar plenamente a Serbia contra Austria-Hungría y no creía que el riesgo de una guerra total mereciera la pena. Sin embargo, una de las principales razones de la decisiva posición de Rusia en julio de 1914 fue el pleno apoyo de Francia. A pesar de que las dos naciones habían sido aliadas desde su acuerdo en 1891, la alianza nunca se había puesto realmente a prueba hasta que Rusia decidió enfrentarse directamente a Austria-Hungría. Su alianza arrastró a Francia al conflicto de 1914.

La posición francesa es quizá la más interesante de analizar, ya que la nación no tenía nada que ganar directamente en los Balcanes. En cambio, lo que Francia esperaba era reafirmar su posición en Europa y en el mundo. Los esfuerzos alemanes por aislar a Francia tuvieron bastante éxito, ya que esta última se vio privada de aliados durante mucho tiempo. Todo el mundo era consciente del poderío francés. Napoleón había demostrado lo fuerte que podía ser Francia con un líder suficientemente competente y con un fuerte respaldo. De hecho, en tiempos de Napoleón, Francia tenía capacidad militar y económica para desafiar por sí sola a todo el continente.

Sin embargo, la derrota de Napoleón y la redistribución del poder fueron seguidas de un declive gradual de su influencia. Esto quedó especialmente patente en la humillante derrota sufrida durante el proceso de unificación alemana. Los alemanes fueron capaces de aplastar la resistencia francesa, llegando hasta París. Una vez allí, los alemanes firmaron una declaración para la formación oficial del Estado alemán, coronando al káiser Guillermo como emperador. Además de arrebatar a Francia su prestigiosa posición como potencia más fuerte de la Europa continental, Alemania se anexionó las provincias francesas de Alsacia y Lorena.

Francia se vio entonces obligada a desviar sus esfuerzos para aumentar su poder colonial. Francia seguía siendo fuerte en sus colonias, posiblemente la segunda más fuerte después de Gran Bretaña, y continuaba buscando socios en la escena internacional. Tal vez como medida desesperada, Francia decidió aliarse con una Rusia que se encontraba en dificultades. En aquel momento, estaba claro que Francia se la jugaba con su recién conseguido socio; como ya hemos comentado, Rusia no era precisamente fiable, retrasada en su desarrollo. Pero si se aprovechaba el potencial de Rusia, podría ser de ayuda contra Alemania, que había humillado y desbancado a Francia como la más fuerte de Europa.

Así, en las décadas de 1890 y 1900, Francia ayudó a su aliado a financiar muchos proyectos importantes relacionados con el ejército, la industria y las infraestructuras. En 1914, Francia había realizado una importante inversión en Rusia, una inversión que aún no se había amortizado. París creía que la mejor manera de que San Petersburgo devolviera esta inversión sería poniéndose del lado de Francia en una guerra contra Alemania. Francia contribuyó masivamente a financiar las reformas militares rusas, que pretendían modernizar completamente todo el ejército ruso para 1917. Francia esperaba obtener a cambio mucha ayuda para socavar la posición de Alemania.

Durante las crisis marroquíes, la situación entre Francia y Alemania se había calmado, ya que ninguna de las partes era lo bastante valiente como para arriesgarse a una guerra por sus intereses en las colonias. Pero la oportunidad que había surgido con el asesinato de Francisco Fernando era demasiado buena para dejarla pasar. A Francia no le importaba si Serbia sobrevivía o caía. Lo que importaba era una causa justificada para aplastar a los alemanes, y los franceses no lo dudaron.

También hemos hablado ya de la última gran potencia europea: Gran Bretaña. Al igual que Francia y a diferencia de Rusia, Gran Bretaña no tenía nada que ganar directamente implicándose en el conflicto. Lo inteligente habría sido alejarse de la inminente explosión del «polvorín» balcánico y no dejarse consumir por las tensiones políticas subyacentes que estaban arraigadas en la región. De hecho, muchos funcionarios británicos se opusieron rotundamente a la intervención en Serbia por ese motivo, proponiendo que Londres desempeñara un papel pasivo y actuara únicamente como intermediario para resolver el conflicto entre Belgrado y Viena. Además, Gran Bretaña estaba experimentando una crisis interna propia; el sentimiento nacionalista en Irlanda había crecido, con los irlandeses exigiendo cada vez más autonomía de los británicos. La tensión entre los irlandeses que abogaban por la independencia y el gobierno británico alcanzó niveles alarmantes, lo que supuso una razón más para que la nación no se involucrara en los asuntos de Europa del Este.

Sin embargo, las motivaciones detrás de las acciones británicas fueron en gran medida similares a las decisiones tomadas por Francia. Gran Bretaña había sido desafiada por la potencia alemana por la posición de hegemonía mundial, y sintió que necesitaba recordar a su retador su poderío. Gran Bretaña no podía limitar eficazmente los avances económicos y militares de Alemania, pero podía reunir a otras grandes potencias bajo un paraguas antialemán. En estos tiempos de cambio, Gran Bretaña se sentía obligada a aferrarse a su posición como la más fuerte del mundo, y no podría hacerlo si dejaba que la maquinaria alemana arrasara el continente.

Por eso los británicos no retrocedieron ante el desafío cuando Austria-Hungría declaró la guerra a Serbia. Gran Bretaña sabía que Alemania era lo bastante fuerte como para emprender una guerra en dos frentes y estaba preocupada por las consecuencias que podría acarrear una victoria alemana. Tal y como Gran Bretaña lo veía, Rusia no estaba preparada para resistir una ofensiva alemana, y Francia acabaría cayendo frente a un esfuerzo unificado germano-austriaco, aunque pudiera presentar una batalla decente en las primeras fases de la guerra. Así pues, Gran Bretaña, al igual que Francia, necesitaba una razón para poner fin a la dominación alemana.

Esta justificación llegó cuando Alemania declaró la guerra a Bélgica, una nación cuya independencia y neutralidad habían sido garantizadas por las Grandes Potencias en 1839, cuando todas ellas firmaron el Tratado de Londres. El tratado obligaba a Bélgica a permanecer neutral en todos los conflictos, pero prometía que nunca tendría que preocuparse por una posible guerra con otra Gran Potencia. Alemania era muy consciente del tratado cuando exigió a Bélgica que concediera a sus fuerzas el derecho de paso a territorios franceses. Cuando la petición fue rechazada, Alemania declaró la guerra, quizá esperando que Gran Bretaña no acudiera en defensa de Bélgica.

Así, en septiembre de 1914, todas las grandes potencias europeas, salvo Italia, estaban en guerra entre sí. Los dos sistemas de alianzas que habían surgido en los años anteriores a la Primera Guerra Mundial para evitar la escalada de los conflictos estaban ahora envueltos en hostilidades armadas entre sí. Por un lado, estaban las Potencias Centrales: Austria-Hungría, que intentaba desesperadamente evitar el desmoronamiento del imperio, y Alemania, que esperaba demostrar por fin su poderío como la nación más desarrollada y fuerte de Europa. Las Potencias Centrales contaban con la oposición de los Aliados: Rusia, que creía tener la obligación moral y estratégica de no ceder su influencia en los Balcanes; Francia, que había decidido honrar su alianza con San Petersburgo y detener a Alemania; y Gran Bretaña, que había salido de su «espléndido aislamiento», reconociendo la amenaza alemana.

La Gran Guerra estaba en marcha.

Capítulo Siete - El inicio de las hostilidades

Las Potencias Centrales y los Aliados estaban en guerra. Ambos bandos se empeñaban en ver cómo los nuevos métodos de guerra podían influir en los resultados de las batallas. Los estrategas militares, los generales y los soldados tenían sus propias opiniones y expectativas, y estaban ansiosos por probar los nuevos equipos en el frente. Antes de la Primera Guerra Mundial, la guerra ruso-japonesa fue un claro indicio de cómo habían cambiado las cosas en lo que se refería a la guerra, y las nuevas oportunidades eran apasionantes. Sin embargo, como demostrarían las primeras fases de la Primera Guerra Mundial, gran parte de las expectativas de los militares se verían subvertidas, y los dos bandos se verían sorprendidos, cuando no decepcionados, por los resultados.

El culto a la ofensiva

En los años anteriores a la Primera Guerra Mundial, los historiadores han observado una tendencia dentro de las grandes potencias que se ha considerado el «culto a la ofensiva». Caracterizado por la glorificación de las maniobras ofensivas rápidas en lugar de la guerra defensiva, el culto a la ofensiva puede identificarse en todos los actores de la Primera Guerra Mundial. De hecho, algunos han argumentado que este culto fue una de las principales causas de la escalada del conflicto.

El factor subyacente del culto a la ofensiva es la idea errónea que se tenía en Europa con el desarrollo de la tecnología militar y el armamento recién inventado, como la ametralladora, los diferentes tipos de fusiles y armas ligeras, la artillería pesada modernizada, etcétera. Los europeos estaban en lo cierto al reconocer que estas nuevas armas eran mucho más poderosas que sus predecesoras, pero asumieron erróneamente que la ventaja la tendría el bando atacante y no los defensores. Esta idea errónea se basaba en el hecho de que en Europa no había estallado ningún conflicto a gran escala que fuera «digno» de atención. Sí, estaba la guerra ruso-japonesa, que demostró los efectos reales de la aplicación de las nuevas armas en las batallas, pero estos resultados apuntaban al poderío del defensor; por alguna razón, esto se pasó por alto. En su lugar, el personal militar creía que en la nueva era de las armas, la mejor forma de llevar a cabo las batallas sería intentar aprovechar rápidamente la ventaja sobre los defensores.

La infame frase «el ataque es la mejor defensa» se percibió durante este periodo como resultado de los esfuerzos del ejército alemán por glorificar los ataques ofensivos. En Alemania, una nación con posiblemente el ejército más fuerte de Europa a principios del siglo XX, esta visión estaba muy presente, con diferentes miembros de alto rango del ejército abogando por una ofensiva cohesiva y rápida con nuevo armamento.

Francia y Gran Bretaña, dos naciones cuya historia se había forjado en constantes guerras, se obsesionaron con la narrativa de que el atacante era más virtuoso. Los oficiales británicos y franceses afirmaron una y otra vez que sus soldados eran aptos para llevar a cabo operaciones ofensivas decisivas en lugar de proceder con lentitud y esperar a que el bando contrario atacara. Afirmaban que la justificación para ello derivaba en parte de la «superioridad» de sus soldados sobre el enemigo, un punto profundamente arraigado en el sentimiento nacionalista. Opiniones similares se dieron incluso en Rusia y Bélgica. En conjunto, estos países suponían que la ventaja sería mayor para los atacantes, que tendrían una moral más alta debido a su afán y perseverancia por atacar valientemente a los enemigos en primer lugar. Por alguna razón, ataque era sinónimo de fuerza, virtud y gloria, mientras que defensa significaba cobardía y miedo.

Resulta cuando menos extraño el empeño de los europeos por glorificar la ofensiva y desacreditar la defensa. En todo caso, a lo largo de la mayor parte de la historia, el curso de una batalla no se decidía únicamente por el hecho de que un bando fuera el primero en atacar. Muchos otros factores desempeñaban un papel importante a la hora de determinar el resultado. Por ejemplo, el bando más numeroso solía ser el favorito para la victoria, independientemente de si atacaba o defendía. La posición del ejército en el campo de batalla solía dar ventaja, ya que el terreno y las condiciones generales eran importantes. No solo eso, sino que, en las batallas de asedio, incluso después del desarrollo de la pólvora y la modernización de la artillería, el bando atacante era cauto a la hora de montar un asalto total, ya que provocaría muchas más bajas porque los defensores bombardearían a las tropas que se acercaban desde las fortificaciones. En su lugar, esperar al enemigo y privarle de alimentos y recursos era la decisión óptima y la que se seguía en la gran mayoría de los casos.

Si se tienen en cuenta todos estos factores, es interesante ver por qué los europeos decidieron glorificar el culto a la ofensiva y despreciar por completo la defensa como estrategia de batalla viable. Como veremos más adelante, la predisposición de los europeos a favorecer la ofensiva se manifestaría en las tácticas adoptadas por los participantes en la guerra y marcaría el curso de esta, especialmente durante su fase inicial. En la práctica, se demostraría que el culto a la ofensiva era erróneo, ya que los dos bandos se verían obligados a respetar el potencial destructivo del armamento del otro y a adoptar un enfoque completamente nuevo de la guerra.

El Plan Schlieffen

Las potencias europeas llevaban mucho tiempo desarrollando estrategias militares por si estallaba una guerra. Una de ellas fue el Plan Schlieffen de Alemania, llamado así por el general Alfred Graf von Schlieffen, el cerebro de su concepción. Desarrollado durante casi quince años, de 1891 a 1904, el Plan Schlieffen es una de las tácticas más famosas del militarismo europeo de finales del siglo XIX y principios del XX.

El plan en sí es relativamente fácil de entender. Tomando prestado del culto a la ofensiva, la idea principal de Schlieffen era encontrar una forma de derrotar rápida y decisivamente a los enemigos potenciales de Alemania en dos frentes: Francia y Rusia. Según el plan, llevar a cabo actividades militares tanto en el frente oriental como en el occidental sería agotador para Alemania, a pesar de que el ejército alemán era uno de los mejores del mundo. Si estallaba una guerra en dos frentes, el plan sugería ocuparse primero de los franceses en el Oeste dirigiendo la mayor parte de los recursos alemanes a una ofensiva total sobre París a través de los Países Bajos. Una vez que Francia cayera, Alemania desviaría entonces su atención al frente oriental, donde una Rusia grande y subdesarrollada no podría movilizarse a tiempo.

El Plan Schlieffen creía que, si la mayor parte del esfuerzo se concentraba en derrotar primero a Francia, enfrentarse a los rusos sería una tarea fácil, ya que el ejército alemán podía superar en batalla a cualquier cosa que Rusia pudiera presentar. También se tuvo en cuenta la participación británica, aunque no lo suficiente. Al diseñar la estrategia, Schlieffen creía que la intervención británica, que se produciría debido a la implicación de los Países Bajos, sería demasiado lenta y tardía. Para cuando los británicos fueran capaces de cruzar el canal de la Mancha con una fuerza lo suficientemente competente como para detener el avance alemán, Alemania habría logrado su objetivo y derrotado a los franceses.

El Plan Schlieffen era muy ambicioso. Aun así, el alto mando alemán creía plenamente en el estilo de alto riesgo y alta recompensa del plan. Alemania pensaba que el plan había tenido en cuenta todos los factores potenciales y que su ejército era capaz de ejecutarlo a la perfección. Alemania creía que sería capaz de llevar a cabo el Plan Schlieffen sin ningún obstáculo. Pero, por supuesto, no sería tan fácil.

Fiasco en Serbia

Otra cosa que el Plan Schlieffen no tuvo en cuenta fueron las acciones del aliado de Alemania. Austria-Hungría tenía sus propios intereses que priorizaba sobre los de Alemania, lo que significaba que para poder llevar a cabo sin problemas los desarrollos esbozados por la ofensiva alemana, Austria necesitaba estar totalmente a bordo. Sin embargo, no fue así. La cohesión de las Potencias Centrales era crucial si querían que sus esfuerzos dieran los resultados esperados.

El principal problema se planteó al principio de la guerra. ¿Qué iban a hacer con Rusia? Alemania ya había procedido a llevar a cabo el Plan Schlieffen y había declarado la guerra a Bélgica para llegar a Francia, concentrando la mayor parte de sus fuerzas en el frente occidental. Esto dejó a Austria-Hungría en una situación extraña, ya que Rusia estaba desatendida por los alemanes en el frente oriental y amenazaba a los austrohúngaros. Los alemanes esperaban que, mientras estaban ocupados luchando contra los franceses en el Oeste, Austria mantuviera a raya a los rusos en el Este. Pero Austria-Hungría no movió sus ejércitos a través de la frontera hasta el 12 de agosto, retrasando el inicio de las hostilidades y enfureciendo a Alemania. El retraso dio a Rusia el tiempo suficiente para movilizar todo lo que pudo. El 2º Ejército Austriaco tuvo que desplazarse al noreste para apoyar la guerra contra los rusos en lugar de centrarse en acabar con Serbia. La situación era muy compleja y los esfuerzos de las Potencias Centrales estaban desarticulados.

Como resultado, en las primeras semanas de la guerra surgieron simultáneamente tres teatros europeos. Los alemanes luchaban contra las fuerzas combinadas de franceses, belgas y británicos en el frente occidental. Los austrohúngaros intentaban abrirse paso contra los serbios en el frente serbio. Y los rusos esperaban socavar la falta de presencia alemana intentando avanzar en el frente oriental.

El principal indicador de la ofensiva incoherente de las Potencias Centrales es la decepcionante campaña serbia de 1914. Austria-Hungría tenía parte de su ejército destinado a ayudar a los alemanes a detener a Rusia en el frente oriental, por lo que sus esfuerzos por derrotar a los serbios resultaron infructuosos una y otra vez en las primeras fases de la guerra. Los serbios fueron capaces de resistir a los invasores, demostrando que quienes dudaban de su capacidad de defensa estaban equivocados. El comandante serbio Radomir Putnik reconoció correctamente que los austriacos, al haber dividido sus fuerzas, carecían de efectivos y creyó plenamente que podría mantenerlos a distancia mientras llegaba la ayuda.

La primera batalla entre ambos bandos tuvo lugar el 15 de agosto, tres días después de que los ejércitos austrohúngaros cruzaran la frontera desde el norte. El general Oskar Potiorek de Austria, encargado de dirigir las operaciones militares en Serbia (y el gobernador que había estado con Francisco Fernando cuando fue asesinado), sobrestimó las capacidades de las fuerzas bajo su mando. Tal vez estaba ansioso por ganar una gran batalla antes del cumpleaños del emperador Francisco José y ser portador de buenas noticias en su país. En la batalla de Cer, el primer encuentro entre austriacos y serbios que duró hasta el 24 de agosto, sus fuerzas no fueron capaces de romper las defensas serbias y sufrieron grandes pérdidas. Los serbios reconocieron que defender toda la frontera sería en vano y retrocedieron para asumir una posición más ventajosa. Tras encarnizados combates, los austriacos se vieron obligados a retirarse, lo que supuso la primera victoria aliada en la Primera Guerra Mundial.

Las siguientes batallas también tuvieron resultados decepcionantes para el ejército austriaco. En la batalla de Drina, los austriacos fracasaron en su intento de cruzar el río Drina y se vieron obligados a retirarse, sufriendo más de diez mil bajas. Tuvieron que atrincherarse en las trincheras y conformarse con bombardear las posiciones serbias del otro lado. Cuando Austria-Hungría se dio cuenta de que había debilitado la posición serbia mediante el bombardeo constante desde las trincheras, lanzó otra ofensiva a principios de noviembre, obligando a los serbios a retirarse en el río Kolubara, donde los dos bandos se enzarzaron de nuevo en encarnizados combates. Para entonces, Belgrado estaba bajo el control de Austria-Hungría. Sin embargo, a medida que los austriacos lograban avances, los serbios se replegaban más hacia el interior de su territorio, lo que hizo que los atacantes se sintieran confiados. Los austrohúngaros persiguieron a los serbios, dividiendo su ejército. Las fuerzas serbias, que acababan de recibir nuevas armas de Grecia, pudieron aprovechar que el grueso del ejército austriaco estaba rezagado y aplastaron a la vanguardia austriaca, algo que cambió el curso de la batalla y ayudó a los serbios a lograr la victoria en varios encuentros consecutivos. El general Potiorek se vio obligado a ordenar una nueva retirada, renunciando a Belgrado.

La primera campaña serbia produjo resultados desastrosos para las Potencias Centrales. Para sorpresa de todos, incluidos los Aliados, los serbios consiguieron contener una ofensiva austriaca en tres ocasiones distintas, defendiendo cada centímetro de sus tierras lo mejor que pudieron. Esto fue aún más impresionante si se tiene en cuenta que los serbios lo hicieron solos, sin ninguna ayuda real de sus aliados, que estaban ocupados luchando en otros frentes. Austria-Hungría estaba decepcionada, pero no había perdido toda esperanza. Las fuerzas imperiales conocían la importancia de esta guerra y estaban decididas a acabar con Serbia.

Así pues, a pesar del fracaso de la campaña serbia de 1914, estaba claro que Viena no había terminado. Sin embargo, este fracaso fue aún más catastrófico para los alemanes, que confiaban en los austriacos para derrotar rápidamente a Serbia y desviar después el grueso de sus fuerzas a la lucha contra Rusia en el frente oriental. El Plan Schlieffen había esbozado claramente los objetivos de la ofensiva alemana y las circunstancias en las que tendría éxito, pero una de las partes más importantes de la estrategia —la participación de Rusia en la guerra— se estaba convirtiendo en un problema para Alemania. Ante la incapacidad de los austrohúngaros para vencer rápidamente a Serbia, Alemania se vio obligada a mantener una parte de sus fuerzas en el este, perjudicando así su propia campaña en el oeste.

La campaña serbia de 1914 demostró que el culto excesivamente optimista y glorificado de la ofensiva no se basaba en la realidad y dio lugar a un prolongado conflicto en múltiples frentes para las Potencias Centrales, algo que Alemania había esperado evitar.

Capítulo Ocho - Los teatros de la guerra

Mientras los serbios luchaban valientemente contra la ofensiva austrohúngara, los alemanes intentaban abrirse paso en el frente occidental contra la resistencia francesa, belga y británica. Al mismo tiempo, Rusia movilizaba sus dispersas fuerzas y se preparaba para lanzar un asalto a gran escala contra las posiciones alemanas y austrohúngaras. Además, surgieron nuevos teatros de guerra en todo el mundo a medida que nuevos actores se unían a los dos bandos, viendo en la guerra una oportunidad para conseguir sus intereses personales. Este capítulo se centrará en los principales acontecimientos en los diferentes teatros de guerra a finales de 1914 y analizará las consecuencias que siguieron.

Ofensiva alemana en el oeste

La actividad militar en el frente occidental comenzó ya el 2 de agosto, cuando Alemania cruzó la frontera de Luxemburgo y ocupó la pequeña nación sin encontrar resistencia. Luxemburgo era solo una pieza del rompecabezas según el Plan Schlieffen. De hecho, el plan había sido ligeramente modificado en lo que respecta a los detalles de la ofensiva alemana en el oeste. Aunque el principio subyacente de concentrar la inmensa mayoría de las fuerzas alemanas en acabar con Francia seguía definiendo la estrategia, el plan se había modificado para excluir la invasión de los Países Bajos como medio de llevar el ejército alemán a Francia.

Los Países Bajos era uno de las tres «tierras bajas», junto con Bélgica y Luxemburgo, y el Plan Schlieffen original preveía que el ejército alemán pasara por las tierras bajas. Sin embargo, el jefe del Estado Mayor alemán en el momento de la guerra, Helmuth von Moltke, modificó el plan, ya que los Países Bajos eran un valioso socio comercial. También se redujo el número de soldados que participarían en la ofensiva occidental, ya que Moltke creía firmemente que se necesitarían más tropas para proseguir la guerra en el frente oriental debido a la incapacidad de los austrohúngaros para prestar apoyo con rapidez.

Tras entrar en Luxemburgo, los soldados alemanes asaltaron las posiciones belgas, bombardeando y capturando un bastión belga fundamental en Lieja el 12 de agosto. El 1º Ejército alemán tomó el resto de los fuertes belgas con relativa rapidez, mientras que el 2º Ejército lo siguió de cerca, reforzando la vanguardia alemana y asegurando la mayor parte de Bélgica, incluida Bruselas, para el 20 de agosto. Para entonces, solo una pequeña parte de las fuerzas belgas restantes había logrado escapar y se atrincheró cerca de Amberes, mientras que el resto huyó hacia la frontera francesa, buscando la ayuda de sus aliados.

La fase inicial del Plan Schlieffen se había llevado a cabo. La siguiente fase consistía en arrollar rápidamente a las fuerzas francesas desde el norte y rodear a sus tropas, que debían defender París y llevar a cabo su propia ofensiva en la frontera franco-alemana.

Francia tenía preparada su propia ofensiva contra los alemanes. Bautizada como Plan XVII, la ofensiva francesa preveía un ataque rápido y decisivo, algo que estaba muy de moda durante la Primera Guerra Mundial, sobre las provincias de Alsacia y Lorena, que Alemania se había anexionado durante la guerra en 1871. Con ambiciones similares a las del Plan Schlieffen, el Plan XVII dictó los esfuerzos franceses de armamento y movilización en el periodo de dos años que precedió a la guerra. Con todo listo, el plan se puso en marcha paralelamente a la invasión alemana de Bélgica el 14 de agosto. Diecinueve divisiones francesas cruzaron la frontera de Lorena para atacar rápidamente las posiciones alemanas.

Sin embargo, los esfuerzos franceses fueron desastrosos, especialmente si se comparan con el éxito de los alemanes. Los ejércitos alemanes 6º y 7º habían previsto un posible asalto francés y estaban al acecho con sus posiciones fuertemente fortificadas cuando los franceses atacaron, aplastándolos en la batalla de Morhange-Sarrebourg una semana después de que las tropas francesas cruzaran la frontera.

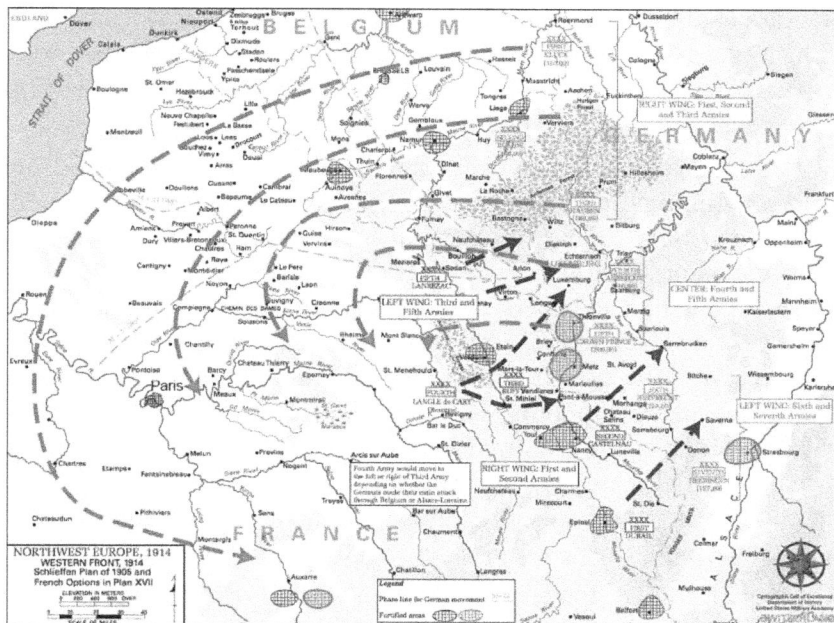

El Plan Schlieffen y el Plan XVII
https://commons.wikimedia.org/wiki/File:Schlieffen_Plan.jpg

En un interesante giro de los acontecimientos, los avances franceses en territorios alemanes consiguieron tentar al general Moltke para que modificara el Plan Schlieffen. Alemania era consciente de que Francia probablemente intentaría penetrar en Alsacia y Lorena, así que, para contrarrestarlo, los alemanes decidieron que no entablarían una batalla sin cuartel con los franceses para expulsarlos por completo. En su lugar, los alemanes se retirarían tras asestar importantes golpes a las fuerzas francesas. Luego, según el Plan Schlieffen, una vez que Alemania saliera victoriosa de Bélgica, enviaría sus fuerzas a rodear las posiciones francesas desde el norte para cercar al grueso de las fuerzas francesas.

Sin embargo, Moltke no esperaba que los franceses aceptaran tan ingenuamente el cebo alemán. Al ver que las tropas francesas habían penetrado profundamente en las posiciones alemanas, pero no habían logrado ninguna victoria significativa y habían sufrido muchas bajas, Moltke desvió seis divisiones alemanas del ala belga para atacar a los franceses en Lorena. Este movimiento chocó directamente con los resultados previstos del Plan Schlieffen. Los alemanes infligieron grandes pérdidas a los franceses atacantes y los obligaron a retirarse de Lorena, pero lo consiguieron sacrificando la cohesión del Plan Schlieffen, debilitando su propia ala en el norte que se suponía iba a asestar el golpe decisivo a París.

Los combates que tuvieron lugar en el primer mes de la Primera Guerra Mundial en el frente occidental se conocen colectivamente como la batalla de las Fronteras. Alemania superó con éxito la resistencia belga y entró en Francia por el noreste, mientras que los franceses intentaban abrirse paso hacia sus provincias de Alsacia y Lorena, en la frontera franco-alemana, perdidas hacía mucho tiempo. Más de dos millones de soldados participaron en este grupo de enfrentamientos. Los Aliados sufrieron más de 300.000 bajas, mientras que Alemania perdió cerca de la mitad de sus tropas. A finales de agosto, el avance francés en Lorena se había detenido y los ejércitos alemanes se habían asegurado un paso seguro hacia el noreste de Francia a través de Bélgica.

La comunidad internacional quedó conmocionada, no por el éxito alemán, sino por la forma malvada en que los alemanes trataron a los belgas derrotados. Los alemanes incendiaron varias ciudades y ejecutaron a cientos de civiles. Fueron acusados de cometer crímenes de guerra y atrocidades que no servían al propósito de salir victoriosos en la guerra. La «violación de Bélgica», como se conocería a las acciones alemanas, dañó significativamente la imagen de Alemania, y el sentimiento antialemán aumentó en todas las naciones que se declararon neutrales. Este sentimiento fue propagado aún más por los Aliados.

Silencio en el frente occidental

Para salvar la relativamente poco exitosa ofensiva francesa, el general y comandante en jefe francés Joseph Joffre decidió lanzar una contraofensiva sobre las posiciones alemanas en el noreste con sus tropas en el sur. El general Joffre esperaba la ayuda de los británicos, que habían enviado una fuerza expedicionaria para implicarse en la guerra. Apoyados por la BEF (Fuerza Expedicionaria Británica), los ejércitos franceses 3º, 4º y 5º dirigieron un ataque contra los alemanes al sur de Lieja, pero sufrieron una aplastante derrota. Al subestimar el número de alemanes, los franceses y británicos quedaron atrapados entre las fuerzas enemigas, lo que obligó al general Joffre a ordenar una retirada para salvar tantas tropas como pudiera. A esta derrota siguió la retirada de todas las fuerzas aliadas, incluso las que habían avanzado en Lorena.

El Plan XVII fue completamente abandonado en favor de una nueva estrategia. Joffre intentó reorganizar el frente occidental, cediendo una parte importante del noreste de Francia a los alemanes, que ya habían establecido su presencia en la región, y estableciendo un nuevo frente unido. Joffre concentró la mayoría de las fuerzas aliadas a decenas de kilómetros al noreste de París, en los alrededores del río Marne, donde asumieron una posición defensiva.

Aun así, el avance alemán no habría sido totalmente superado por los Aliados de no ser por la falta de comunicación entre los oficiales alemanes. Mientras los Aliados reorganizaban sus fuerzas bajo las órdenes del general Joffre, Alemania se acercaba lentamente a París, tratando de reunir el resto de las tropas del ala norte para unirse en una ofensiva unida y en la fase final del Plan Schlieffen. Tras su retirada en masa de la frontera, el gobernador militar de París, Joseph Gallieni, recibió el encargo de crear un plan para defender la capital francesa y sus alrededores. Al mismo tiempo, el comandante Moltke ordenó a los ejércitos alemanes 1º y 2º que se unieran bajo el mando del general Alexander von Kluck. Sin embargo, debido a un error de comunicación, Kluck procedió a cambiar la dirección de sus fuerzas, haciéndolas marchar al noreste de París, en el valle del Marne, en lugar de al suroeste, abandonando el plan original que pretendía rodear completamente la capital francesa. Esto significaba que el ejército alemán al mando de Kluck había expuesto su flanco derecho, proporcionando una oportunidad a los Aliados para atacar.

Los Aliados intentaron ser los primeros en rodear al enemigo, y su contraofensiva comenzó el 4 de septiembre, cuando el gobernador Gallieni convenció a Joffre para que intentara explotar la posición alemana. La primera batalla del Marne, como llegaría a conocerse, duraría del 6 al 12 de septiembre y cogería desprevenidas a las fuerzas alemanas. La oportunidad fue aprovechada con éxito por los ejércitos unidos francés y británico, ya que consiguieron dividir diferentes divisiones alemanas y abrumarlas rápidamente. Los Aliados se arriesgaron a exponer nuevos flancos de las fuerzas alemanas, por lo que los alemanes decidieron retirarse y abandonar su plan inicial de rodear París.

Además del riesgo de ser flanqueados, lo que significaría luchar con una desventaja constante debido a la interrupción de las líneas de suministro, las fuerzas alemanas también estaban agotadas por su continuo avance a través de Bélgica. Estaban bastante adentradas en territorio aliado, y sufrir una dura derrota afectaría negativamente a la moral alemana. Así pues, los alemanes se retiraron, atrincherándose en el bajo Aisne y resistiendo con éxito las siguientes ofensivas aliadas. La batalla del Aisne demostró que la dinámica de poder en la guerra de trincheras se inclinaba a favor de los defensores. Estos gozaban de una posición mucho más segura que los atacantes, cuyo único movimiento para abrirse paso era atacar de frente contra los soldados atrincherados mientras eran sometidos a un intenso fuego de ametralladoras y artillería.

Así, a la repelida ofensiva alemana sobre París siguió una fracasada contraofensiva aliada. Ambos bandos habían agotado sus recursos y ninguno tenía capacidad para abrirse paso. Así que, en lugar de intentar un combate frontal, que no habría beneficiado a ninguno de los dos bandos, los alemanes y los aliados intentaron flanquearse mutuamente. Esto dio lugar a lo que hoy se conoce como la «carrera al mar», en la que ambos bandos maniobraron con sus fuerzas desde el noreste de Francia hasta el mar del Norte con la esperanza de pillar al otro con la guardia baja y aprovechar una posible brecha flanqueando al enemigo. En el plazo de un mes, los dos bandos excavaron una compleja red de trincheras paralelas desde el mar del Norte hasta la frontera franco-alemana-suiza, pasando por el noreste de Francia.

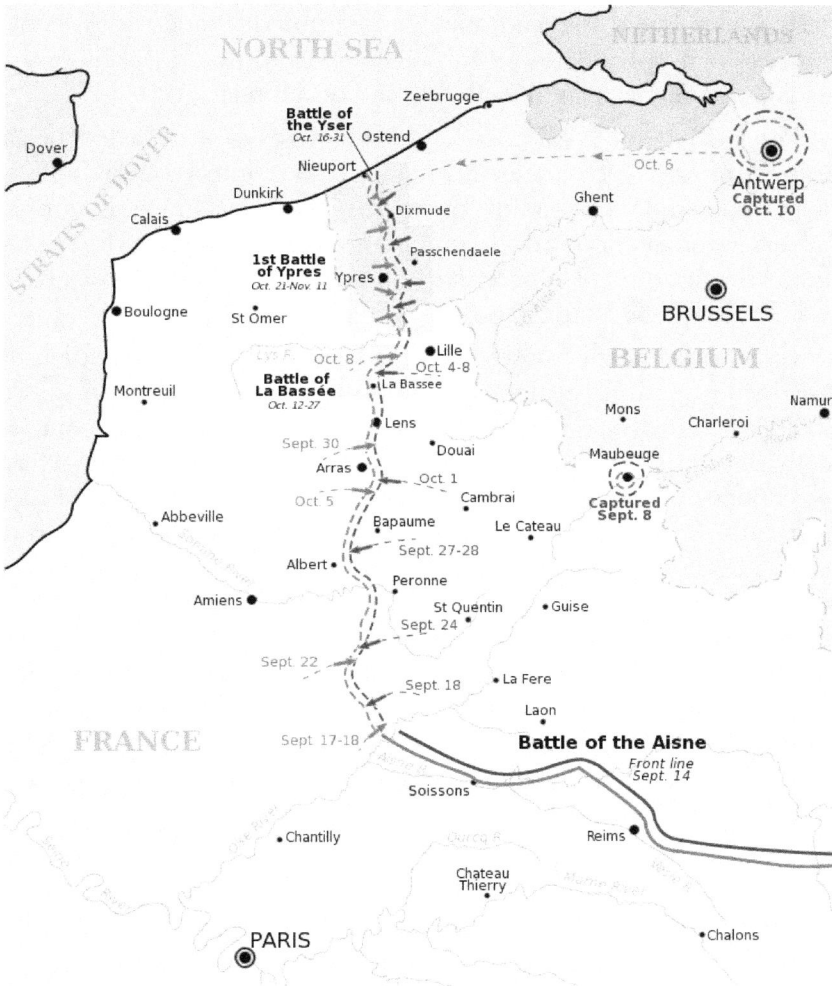

La carrera al mar

En diciembre de 1914, los enfrentamientos militares entre Alemania y los Aliados se habían apagado en gran medida. Los dos bandos habían establecido dos sistemas de trincheras opuestos, y ninguno deseaba dar el primer paso para intentar abrirse paso, sabiendo que cualquier esfuerzo por desbordar la posición del otro bando solo acabaría en desastre. Mientras que el Plan Schlieffen había tenido un éxito parcial, los franceses fueron incapaces de montar una contraofensiva significativa en línea con su Plan XVII original. Aun así, los Aliados habían conseguido evitar la caída de

París y expulsar a los alemanes de las inmediaciones de la capital francesa con la batalla del Marne. Esto significaba que la moral de los Aliados seguía algo alta en el frente occidental.

Por otro lado, Alemania había tenido éxito contra los belgas. Solo Amberes estaba efectivamente bajo control belga, con los belgas rodeando la ciudad con trincheras. Los alemanes también habían tomado el control de una gran parte del noreste de Francia, un territorio que producía gran parte del carbón y el acero de Francia, lo que afectaba al esfuerzo bélico francés.

En los primeros meses de la Primera Guerra Mundial, los Aliados en el oeste sufrieron hasta un millón de bajas, con más de 300.000 soldados muertos y 600.000 heridos, mientras que los alemanes sufrieron unos 200.000 menos en total. Lo que siguió a los caóticos y sangrientos acontecimientos de los primeros meses en el frente occidental fueron años de estancamiento, siendo los otros teatros de la guerra los de mayor interés. El frente occidental, con los alemanes atrincherados en un bando y los británicos y franceses en el otro, no vio ninguna acción real durante el resto de la Primera Guerra Mundial. La icónica novela del escritor alemán Erich Maria Remark, que sirvió en el frente occidental durante la guerra, quizás describa mejor la situación que se produjo después de que los dos bandos entraran en un largo punto muerto: todo estaba tranquilo en el frente occidental.

El oso en el este

La guerra en el frente oriental se desarrolló de forma muy diferente. Se suponía que Rusia iba a lanzar una ofensiva sobre las Potencias Centrales para ayudar a aliviar parte de la presión sobre los Aliados en el oeste. Sin embargo, como ya hemos mencionado, las reformas militares rusas financiadas por Francia aún no se habían completado, lo que significaba que gran parte del vasto ejército ruso no estaba preparado para luchar. Las tropas rusas estaban dispersas por todo el país, y su precipitada movilización no era ni mucho menos tan cohesionada como la de los alemanes, que, según el Plan Schlieffen, habían adoptado un enfoque defensivo frente a la amenaza rusa durante las primeras fases de la guerra. Alemania creía que con la ayuda de Austria-Hungría, Rusia no sería capaz de lograr un éxito significativo en el frente oriental. Los alemanes confiaban plenamente en que tendrían tiempo suficiente para transferir gran parte de sus fuerzas del frente occidental al oriental.

Pero, para consternación de Alemania, las cosas no salieron según lo previsto. A pesar del éxito inicial, los alemanes no pudieron acabar con la resistencia aliada en el oeste, sino que forzaron un estancamiento, con los dos bandos mirándose fijamente desde las trincheras. Alemania tuvo que mantener constantemente una parte significativa de sus fuerzas en el frente occidental, ya que existía la posibilidad real de una contraofensiva aliada, que habría bastado para desbordar las posiciones alemanas y anular su avance. Además, Austria-Hungría se enfrentaba a la resistencia en Serbia. Como no había eliminado a las fuerzas serbias, no podía aportar un número adecuado de tropas para luchar contra Rusia. A finales de 1914, Austria-Hungría no había hecho ningún progreso real contra Serbia. Separó su ejército para ayudar a Alemania a defenderse de Rusia y, a su vez, solicitó la ayuda de Alemania para invadir a los serbios.

Sin embargo, esta desventaja se vio compensada por el hecho de que el ejército alemán demostró ser superior al ruso. Estaba mejor equipado, demostró más valor y tenía más moral que las fuerzas rusas. En casi todos los enfrentamientos, los rusos tuvieron que recurrir a la superioridad numérica o al factor sorpresa para lograr algún éxito. E incluso así, seguían perdiendo decenas de miles de soldados cada vez que se acercaban a los alemanes debido a la artillería más avanzada de estos últimos. A diferencia del frente occidental, donde el atrincheramiento provocó un punto muerto, dando a los defensores una enorme ventaja, el ejército alemán era tan superior a las fuerzas rusas defensoras que las trincheras no los ralentizaron tanto. Los rusos también tenían problemas de sobreextensión y de interrupción de las líneas de suministro. El ejército ruso era probablemente mejor rival para Austria-Hungría. Cuando estas dos naciones se enfrentaron en las partes meridionales del frente oriental, Rusia tuvo cierto éxito.

La lucha por Prusia Oriental

La guerra en el este entre Rusia y las Potencias Centrales se desarrolló por separado en dos lugares diferentes. Una parte del ejército ruso lanzó una ofensiva sobre Prusia Oriental y luchó contra los alemanes, mientras que la otra mitad de las fuerzas rusas movilizadas contuvo a las fuerzas combinadas austrohúngaras y alemanas en la Polonia rusa. Los rusos obtuvieron un éxito inicial contra los alemanes, que sufrieron una derrota en la batalla de Gumbinnen el 20 de agosto de 1914. Tres días antes, un rápido ataque de la vanguardia alemana en la batalla de Stallupönen no dio resultados significativos para Alemania, aunque proporcionó cierta información sobre la ruta que los rusos planeaban seguir. Paul von Rennenkampf y Alexander Samsonov lideraron el 1º y 2º Ejércitos rusos, respectivamente, en un esfuerzo combinado para abrumar las defensas alemanas en Prusia Oriental. En lugar de actuar únicamente a la defensiva, Maximilian von Prittwitz, que estaba al mando de las fuerzas alemanas, decidió apresuradamente atacar a los ejércitos rusos mientras se recuperaban del golpe inicial de los alemanes, pero su ataque fue rechazado. Al ver que las tropas de Samsonov podían converger sobre su posición, Prittwitz ordenó a los alemanes que se retiraran.

Dos días más tarde, el jefe del Estado Mayor Moltke decidió sustituir a Prittwitz en el frente oriental, creyendo que este había sido consumido por el pánico tras sufrir la derrota y tener que retirarse. Colocó a Paul von Hindenburg y Erich Ludendorff al mando del 8º Ejército alemán en Prusia Oriental, confiando en que la experiencia de estos dos comandantes cambiaría las tornas a su favor. Esta decisión resultó ser extremadamente acertada. Tras haber logrado la victoria, el 1º y 2º Ejércitos rusos amenazaron la capital de Prusia, Königsberg, y Moltke sabía que dejar que el enemigo tomara la ciudad destrozaría la moral de los soldados. Königsberg era un centro militar histórico y tenía un valor simbólico para las tropas alemanas, la mayoría de las cuales procedían de Prusia Oriental.

Así que, en lugar de retroceder y permitir que los dos ejércitos rusos se unieran, Hindenburg y Ludendorff decidieron lanzar una contraofensiva y converger sobre el 2º Ejército ruso al mando de Samsonov. Habiendo interceptado las comunicaciones rusas y utilizando los sistemas ferroviarios locales para maniobrar rápidamente entre posiciones, los alemanes idearon un plan para abrumar el flanco izquierdo de Samsonov, confiando en el elemento sorpresa para aplastar el avance ruso.

Paul von Hindenburg
https://commons.wikimedia.org/wiki/File:Paul_von_Hindenburg-2.png

En una batalla de cinco días que comenzó el 26 de agosto, los alemanes llevaron a cabo sus planes a la perfección. Los rápidos ataques contra el enorme ejército de Samsonov, que en total contaba con unos 230.000 soldados, no pudieron ser respondidos por los rusos. Al dividir una parte de las fuerzas alemanas para retrasar al 1er Ejército ruso, Hindenburg y Ludendorff consiguieron destrozar la moral de los soldados de Samsonov, que comenzaron a retirarse a pesar de tener superioridad numérica. Los alemanes supieron aprovechar eficazmente todas las oportunidades que se presentaron a su favor y lograron una victoria decisiva.

Para el 30 de agosto, los rusos habían perdido la mayoría de sus fuerzas iniciales, con más de 80.000 muertos o heridos. Aún más fueron tomados por los alemanes como prisioneros de guerra. En cambio, los alemanes solo sufrieron 30.000 bajas como máximo. Esta obra de brillantez militar se conoce como la batalla de Tannenberg y tuvo inmensas implicaciones para la guerra en el frente oriental. Samsonov, que había logrado escapar de la masacre, se suicidó, avergonzado de su derrota. Devastado por la derrota, el alto mando ruso trató de ocultar al público la noticia de la batalla, temeroso de que un sentimiento antibelicista ya fuerte pudiera crecer hasta nuevos límites y causar toda una serie de problemas internos.

Los alemanes fueron capaces de convertir la victoria de Tannenberg en otra exitosa ofensiva contra el 1º Ejército ruso al mando de Rennenkampf en la parte norte de Prusia Oriental. Estando en mejor forma y de mejor humor tras derrotar al 2º Ejército al mando de Samsonov, el mariscal de campo Hindenburg y el general Ludendorff ordenaron a sus tropas prepararse para otro ataque. Los alemanes querían forzar una retirada general rusa de sus territorios. Su objetivo se logró con la batalla de los Lagos Masurianos, que duró del 4 al 13 de septiembre. El ejército alemán consiguió coger desprevenido al 1º Ejército ruso y rodearlo por completo. La principal ventaja de los alemanes era la red ferroviaria de la región, que permitía el transporte rápido de tropas y suministros. La ventaja numérica de los rusos tampoco sirvió de nada en este caso, ya que se vieron obligados a retroceder hasta la frontera y abandonar los territorios alemanes.

En la lucha por Prusia Oriental, Rusia sufrió más de 230.000 bajas, con unos 100.000 hombres hechos prisioneros. Las pérdidas alemanas fueron probablemente un tercio de esa cifra. Al final, a pesar de ver cierto éxito inicial, los alemanes fueron capaces de rechazar con éxito los avances rusos con un liderazgo competente y ganar tiempo para sus ejércitos en el oeste.

Galitzia

Prusia Oriental no fue la única región del frente oriental donde se libraron combates en los primeros meses de la Primera Guerra Mundial. Los enfrentamientos entre las Potencias Centrales y Rusia también tuvieron lugar en la provincia de Galitzia. Una provincia históricamente poblada por eslavos étnicos, Galitzia estaba justo en la frontera con Rusia, lo que la convertía en un objetivo fácil y lógico para las fuerzas rusas. Los esfuerzos austrohúngaros por defender la provincia parecían inconexos e incoherentes, ya que el ejército imperial también estaba ocupado luchando en Serbia, una lucha que les costó mucho tiempo y recursos en las primeras fases de la guerra.

Conscientes de la importancia de Galitzia como puerta que conectaba la Polonia rusa con el corazón de Austria-Hungría, ambos bandos se lanzaron sobre la provincia con todas sus fuerzas. De las fuerzas rusas movilizadas, casi la mitad fueron enviadas a luchar a Galitzia, con los ejércitos rusos 3º, 4º, 5º y 8º contando con cerca de un millón de soldados combinados. Superaban ampliamente en número a las Potencias Centrales cuando comenzaron los combates a finales de agosto, ya que Alemania había enviado la mayoría de sus tropas al oeste y solo tenía su 8º Ejército en Prusia Oriental. Las fuerzas austrohúngaras se movilizaron principalmente contra Serbia. Aun así, al más puro estilo del sobreglorificado culto a la ofensiva, el jefe del Estado Mayor austriaco, Franz Conrad von Hötzendorf, creía que la mejor manera de detener el avance ruso era enfrentarse directamente a ellos y ser los primeros en golpear en lugar de intentar retrasarlo antes de que llegara la ayuda. Así, los Ejércitos austriacos 1º, 3º y 4º esperaron a que los rusos se acercaran a Galitzia, desplegándose para cubrir un frente de más de 240 kilómetros (149 millas) de largo.

A finales de agosto, los dos bandos se enfrentaron sin tregua en varias ocasiones. A diferencia de Prusia Oriental, donde los alemanes tenían un ejército más avanzado que el ruso, la fuerza de este último estaba casi igualada con la de los austrohúngaros. De hecho, debido a la superioridad numérica, los rusos fueron capaces de decantar las batallas a su favor en múltiples ocasiones. Inicialmente, sin embargo, los austriacos tuvieron éxito, ya que consiguieron derrotar el flanco norte ruso en las batallas de Kraśnik y Komarów, infligiendo grandes bajas y tomando más de 25.000 hombres como prisioneros.

Pero estos esfuerzos se vieron socavados cuando los rusos lograron la victoria en la batalla de Gnila Lipa, donde el 3º y el 8º Ejércitos rusos aplastaron a los austriacos que atacaban. El 30 de agosto, tras dos días de combates, los rusos lograron hacer retroceder a los austriacos, obligando al comandante Hötzendorf a retirar sus fuerzas del norte para reforzar el centro y el sur austriacos. Sin embargo, esto no fue suficiente, ya que las fuerzas rusas que se habían retirado en el norte se reunieron con el 3º y el 8º Ejércitos y lanzaron una contraofensiva masiva que duró una semana, del 3 al 10 de septiembre. Fueron capaces de explotar el hecho de que el ejército austriaco no estaba unido, destrozándolo en la batalla de Rawa y forzando una retirada total austriaca de Galitzia. Los rusos capturaron más de 70.000 prisioneros.

En la batalla por Galitzia, los rusos consiguieron avanzar en territorio austrohúngaro unos 160 kilómetros (99 millas). De manera crucial, consiguieron tomar la importante ciudad de Lemberg, lo que tranquilizó a la opinión pública rusa, cada vez más disgustada por las pérdidas rusas en Prusia Oriental. A mediados de septiembre, los rusos habían conseguido infligir unas 370.000 bajas a los austriacos, incluidos más de 100.000 soldados capturados como prisioneros de guerra, mientras que ellos mismos sufrían unas 250.000. Fue una importante victoria psicológica para los rusos, que se vieron obligados a tomar la ciudad de Lemberg. También fue una importante victoria psicológica para los rusos. Esperaban continuar su exitoso avance contra los austrohúngaros para recuperar sus pérdidas contra Alemania en el norte.

El éxito de Rusia fue ciertamente preocupante para las Potencias Centrales, por decir lo menos. Para Alemania, era vital que los austrohúngaros mantuvieran a raya a los rusos mientras los alemanes se ocupaban de Francia en el oeste, pero la incapacidad de los austriacos para detener el avance ruso requería una mayor atención alemana. El ejército ruso, por su parte, había conseguido empujar a la resistencia austriaca hasta los Cárpatos y continuaba sus esfuerzos por tomar una parte mayor de Galitzia. Inmediatamente después de tomar Lemberg, los ejércitos rusos convergieron en Przemyśl. Con más de 300.000 soldados, los rusos sitiaron la ciudad, que estaba guarnecida por unos 130.000 austrohúngaros. El asedio duraría más de seis meses.

Perder Przemyśl sería un desastre para las Potencias Centrales, ya que Rusia habría debilitado sus posiciones y amenazado la provincia alemana de Silesia, que era un centro industrial y necesario para continuar el esfuerzo bélico. Después de que los intentos iniciales del general ruso Radko Dimitriev de asaltar la fortaleza se saldaran con unas 40.000 bajas, los rusos decidieron adoptar un enfoque más lento y esperar a que la ciudad rodeada, que, además del ejército, albergaba hasta 20.000 civiles.

Tras comprobar que los austriacos no podrían resistir a los rusos durante mucho más tiempo, Alemania decidió transportar un número importante de sus fuerzas a Galitzia para ayudar a su aliado. Tras lograr una victoria decisiva en Tannenberg y expulsar a los rusos de Prusia Oriental, el mariscal de campo Hindenburg confiaba en que, con la ayuda alemana, las Potencias Centrales podrían superar la resistencia rusa e impedir su avance. Alemanes y austriacos decidieron atacar juntos, pero los rusos consiguieron derrotarlos en la batalla del río Vístula, cerca de Varsovia, una batalla que duró casi todo el mes de octubre.

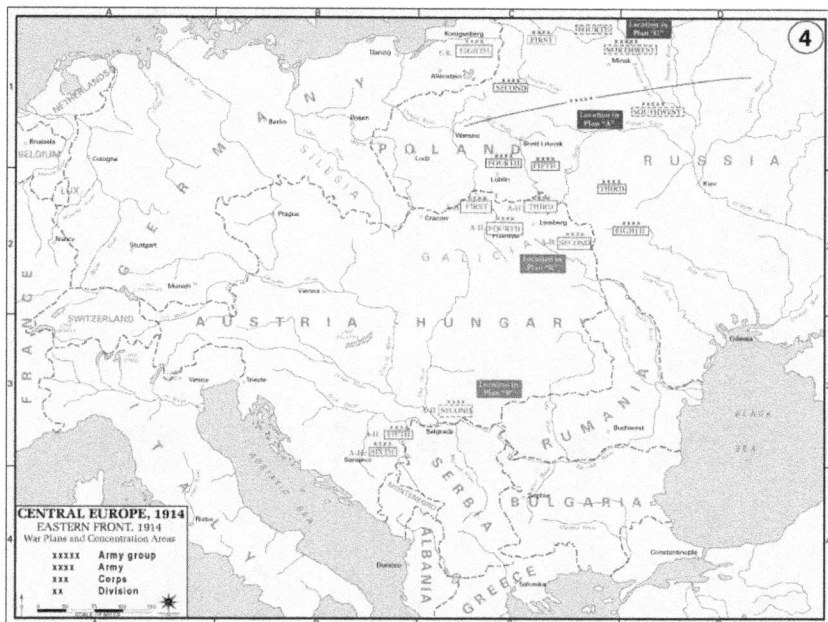

Frente oriental, 1914
https://commons.wikimedia.org/wiki/File:Eastern_Front,_1914.jpg

A pesar de su incapacidad para doblegar a los rusos, las Potencias Centrales infligieron 150.000 bajas al enemigo mientras sufrían unas 70.000 propias. Este enfrentamiento fue otro ejemplo de la incapacidad de los dos aliados para coordinarse adecuadamente, ya que ambos se culparon mutuamente de la derrota, diciendo que su retirada era solo un movimiento estratégico para asumir mejores posiciones defensivas y esperar el avance ruso. La victoria en el Vístula llenó de confianza al ejército ruso. Los soldados y oficiales creyeron ingenuamente que eran capaces de vencer a Alemania a pesar de las evidentes disparidades entre ambos bandos. A largo plazo, el exceso de confianza de los rusos tendría efectos perjudiciales en su campaña de la Silesia prusiana.

Tercera parte – 1915 – 1916

Capítulo Nueve - Nuevos actores, nuevos acontecimientos

En los primeros meses de la guerra se produjeron muchos acontecimientos interesantes que pusieron en tela de juicio las ideas preconcebidas de los participantes. Aunque se había demostrado que el culto a la ofensiva era erróneo, ya que las primeras batallas de la guerra sugerían claramente que los ataques frontales solo suponían miles de bajas para el bando atacante, las naciones beligerantes seguían confiando en sus capacidades e intentaron seguir sus planes de guerra al pie de la letra, salvo raras excepciones.

En Europa, la guerra se había desarrollado de forma inesperada, con Alemania incapaz de lograr los resultados previstos del Plan Schlieffen, Austria-Hungría frustrada en Serbia, y Rusia haciendo progresos parciales en el frente oriental. Sin embargo, con el paso de los meses, nuevos actores comenzaron a entrar en la guerra en ambos bandos, algo que realmente dio al conflicto el apropiado título de «guerra mundial».

La entrada otomana

El Imperio otomano, como hemos comentado anteriormente, se encontraba en una situación difícil antes de que estallara la Primera Guerra Mundial en 1914. De hecho, las guerras balcánicas, que afectaron gravemente al «enfermo de Europa», fueron una causa indirecta de la Primera Guerra Mundial. Los otomanos no solo habían perdido muchos territorios y recursos con los acontecimientos de la primera guerra balcánica, sino que la derrota también les había arrebatado el orgullo turco. El mundo sabía ahora que el Imperio otomano era más débil que nunca, tan débil, de hecho, que varias naciones pequeñas pudieron lograr fácilmente la victoria contra él. El imperio también estaba experimentando una masiva revolución política y cultural, que contribuyó al desarrollo de una nueva identidad turca, basada en gran medida en el irredentismo. El gobierno de los Jóvenes Turcos, en el poder desde 1909, abogaba por la modernización y la difusión de valores más democráticos. Pero al comienzo de la guerra, los otomanos seguían sumidos en una profunda crisis política. Además, casi todas las potencias europeas veían con malos ojos al país, y Alemania, Francia y Gran Bretaña rechazaron las ofertas de alianza del Imperio otomano en 1911. Bulgaria fue la única nación que aceptó una alianza con Constantinopla, haciéndolo en agosto de 1914.

Sin embargo, cuando estalló la guerra, la percepción que las grandes potencias tenían de los otomanos empezó a cambiar. El imperio seguía teniendo un gran ejército y limitaba con los participantes en la guerra en diferentes regiones. Estaba muy cerca de los frentes serbio y oriental, limitaba directamente con Rusia en el Cáucaso y compartía fronteras con Gran Bretaña en Oriente Próximo y la India. Aunque Constantinopla había declarado oficialmente su neutralidad en los primeros días de la guerra, las naciones se dieron cuenta de que tener una relación favorable con los otomanos podía hacer cambiar las tornas. Así, Gran Bretaña y Alemania empezaron a presionar cada vez más al gobierno otomano. Al final, Alemania se impuso «vendiendo» a los otomanos dos buques de guerra alemanes, el *Goeben* y el *Breslau*, con tripulación alemana. El gobierno turco también adoptó una postura cada vez más antibritánica, provocando a Gran Bretaña en múltiples ocasiones y rechazando las peticiones británicas relativas a la actividad naval en el Mediterráneo. En septiembre, quedó claro que Constantinopla era un aliado alemán, ya que cerró los estrechos turcos que unían el mar Negro con el Mediterráneo, infligiendo un duro golpe a la economía rusa y enfureciendo aún más a los Aliados.

El gobierno turco se debatía entre entrar o no en la guerra. Los buques de guerra alemanes indicaban que Alemania quería a los otomanos de su lado. El debate probritánico y proalemán en el parlamento otomano terminó a favor de este último, y en octubre, el gobierno otomano había tomado la decisión de unirse a las Potencias Centrales. Esto significaba que los otomanos se enfrentarían con toda probabilidad a la resistencia en diferentes frentes, especialmente en Egipto y en la frontera turco-india.

El líder de los Jóvenes Turcos, Enver Pasha, esperaba que para cuando Gran Bretaña pudiera responder, las fuerzas turcas y austro-alemanas habrían desviado todas sus fuerzas para derrotar a Rusia, lo que les daría tiempo y recursos para enfrentarse a los británicos. A finales de octubre, liderada por el *Goeben* alemán, la flota turca remontó el mar Negro y comenzó a bombardear las ciudades portuarias rusas, incluida Odesa. Rusia declaró rápidamente la guerra el 1 de noviembre, y el resto de los Aliados siguieron su ejemplo en los tres días siguientes.

Europa y los dos sistemas aliados a finales de 1915
https://commons.wikimedia.org/wiki/File:Map_1914_WWI_Alliances.jpg

En un sorprendente movimiento que puso de manifiesto la brillantez diplomática de Alemania, las Potencias Centrales disponían ahora de mano de obra de Turquía para retener a las fuerzas aliadas en diferentes frentes y aprovechar su ventaja creando más problemas a Gran Bretaña. En cuanto al Imperio otomano, el enfermo de Europa, la guerra prometía la revancha de los desastres de las guerras balcánicas, con Constantinopla esperando recibir una parte significativa de las tierras rusas y británicas en el Cáucaso y Asia.

Galípoli

La entrada de los otomanos en la Primera Guerra Mundial dio lugar a interesantes acontecimientos en todo el mundo, el más famoso de los cuales fue la campaña aliada de Galípoli. En enero de 1915, Rusia instó a Gran Bretaña a hacer algo respecto a los otomanos, ya que estos habían presionado cada vez más a Rusia con su bloqueo de los estrechos y el bombardeo constante de los puertos rusos. Los británicos habían estado debatiendo el curso de acción adecuado para debilitar aún más la posición de Alemania, ya que el frente occidental había llegado a un punto muerto. Obligado a actuar para aliviar la presión sobre Rusia, que llevaba casi seis meses luchando sola contra las Potencias Centrales, el alto mando británico ideó un plan: una expedición naval al corazón mismo del Imperio otomano. Según el plan, los británicos navegarían hasta la península de Galípoli, una pequeña zona en la orilla occidental de los Dardanelos, e intentarían tomarla. Si tenían éxito, podrían establecer un lugar seguro para futuras operaciones y situar a las tropas británicas peligrosamente cerca de Constantinopla.

En febrero de 1915, la Marina Real Británica emprendió una de las operaciones de desembarco más ambiciosas de su historia. El bombardeo naval comenzó el 19 de febrero, cuando una armada combinada franco-británica abrió fuego sobre las posiciones de los defensores. Sin embargo, esto no supuso ningún progreso real, ya que las defensas turcas seguían siendo fuertes después de una semana. Los Aliados no estaban satisfechos con los resultados, y Winston Churchill, primer lord del Almirantazgo, instó al comandante de la flota a aumentar sus esfuerzos y presionar a los otomanos.

El principal problema era la incómoda geografía de la zona. El estrecho de los Dardanelos era bastante estrecho y resultaba difícil para los grandes navíos maniobrar eficazmente a través de él. Además, las orillas del mar eran accidentadas, lo que daba a los defensores una enorme ventaja, ya que podían instalar sus fortificaciones y trincheras a lo largo del terreno elevado, y responder a la armada aliada con fuego de ametralladora.

Así pues, en marzo no se había logrado ningún avance. A mediados de marzo, los Aliados enviaron dieciocho buques de guerra a los Dardanelos. Esto tampoco dio ningún resultado, ya que el aumento del número de buques de guerra solo les dificultaba moverse y esquivar las minas. Los Aliados habían conseguido agotar los recursos de los defensores a finales de mes, pero se mostraron reacios a continuar sus esfuerzos y retiraron las fuerzas navales en abril.

Esto no impidió que los Aliados idearan una nueva estrategia para Galípoli. Preveían desembarcar en la península en lugar de utilizar constantes bombardeos navales. Gran Bretaña, demostrando su verdadero poder colonial, transportó tropas entrenadas de Australia y Nueva Zelanda a Egipto, organizándolas en el combinado ANZAC (Cuerpo de Ejército australiano y neozelandés, por sus siglas en inglés) para utilizarlas en la campaña. En total, el ANZAC contaba con unos sesenta mil hombres. El grueso de la fuerza de desembarco estaba compuesto por 345.000 soldados de la Fuerza Expedicionaria Británica del Mediterráneo y 70.000 soldados del Cuerpo Expedicionario Francés en Extremo Oriente. Juntos, los aliados decidieron desembarcar en todos los puntos posibles de Galípoli, con la esperanza de desorientar a los defensores y abrumarlos con su superioridad numérica.

Tropas francesas desembarcando en Galípoli
https://commons.wikimedia.org/wiki/File:Landing_French-Gallipoli.jpg

Así comenzó la mayor operación de desembarco anfibio de la historia, con las fuerzas del ANZAC abriéndose paso con éxito y desembarcando en una pequeña cala en el lado egeo de la península de Galípoli, apropiadamente apodada «cala ANZAC» El fuego de las ametralladoras turcas convirtió en un infierno la consecución de los objetivos previstos por las fuerzas coloniales, pero al anochecer del 25 de abril, el ANZAC había conseguido establecer una pequeña cabeza de playa y esperaba nuevas órdenes. Al mismo tiempo, el principal ejército Aliado intentó desembarcar en cinco puntos diferentes alrededor del cabo Helles, de los cuales tres intentos tuvieron éxito. Sin embargo, la ventaja de los defensores resultó demasiado grande para los Aliados. En los primeros días no lograron ningún avance significativo sobre las posiciones turcas.

Los Aliados pidieron refuerzos, pero las cabezas de playa que habían establecido eran demasiado pequeñas para que llegaran más tropas. Así que los soldados que habían desembarcado en la península se vieron obligados a atrincherarse para evitar el fuego turco lo mejor que pudieron. El alto mando británico se mostró indeciso en la siguiente fase de la operación. Cada vez que los Aliados intentaban abrirse paso, sufrían miles de bajas. De vuelta a Londres, tras encarnizados debates, se acordó a regañadientes que la operación continuaría. En el verano de 1915 se enviaron nuevas tropas para reforzar el desembarco. Los refuerzos también consiguieron establecer una cabeza de playa en la parte norte de la península en agosto, en la bahía de Suvla. Aun así, la ofensiva combinada no dio resultados significativos para los Aliados, que tampoco habían visto ningún progreso real en ningún otro lugar a mediados de 1915. Así que, tras nuevas discusiones, el alto mando aliado decidió suspender totalmente la operación y evacuar a todos los soldados que habían desembarcado en las playas en enero de 1916.

Fue una decisión dolorosa y un desarrollo desastroso para los Aliados, que perdieron más de 250.000 hombres en toda la campaña, con unos 60.000 muertos y el resto heridos o enfermos. Como demostraría el tiempo, toda la operación estuvo mal planificada, y el culto a la ofensiva volvió a resultar ineficaz. Los otomanos lograron resistir gracias a las defensas que habían montado alrededor de las colinas de Galípoli. Sufrieron casi el mismo número de bajas, pero al menos consiguieron disuadir a los Aliados de proseguir sus esfuerzos y mantuvieron a salvo del enemigo el corazón del imperio: Constantinopla.

Curiosamente, no todos los historiadores consideran que la campaña de Galípoli fuera un fiasco total, y algunos creen que los esfuerzos aliados por desembarcar en la península distrajeron a un número significativo de tropas otomanas de su participación en otros teatros.

Nuevas fronteras

Con la entrada del Imperio otomano en la guerra, surgieron varias fronteras nuevas. En algunos casos, los turcos intentaron debilitar las posiciones aliadas con ataques por sorpresa, mientras que, en otros, los Aliados trataron de lograr victorias rápidas para disuadir a los otomanos de continuar la guerra. Aunque los conflictos en los que participaron los otomanos en el Cáucaso, Egipto y Mesopotamia no son tan emblemáticos como la campaña de Galípoli, merece la pena analizarlos para comprender el estado de la guerra en los años posteriores a su escalada.

Cuando el Imperio otomano entró en la guerra del lado de las Potencias Centrales, esperaba asestar golpes a las regiones periféricas de Rusia y a las posesiones coloniales de Gran Bretaña y Francia. Los otomanos esperaban que los Aliados desviaran muchos de sus recursos de los teatros europeos, donde se concentraba gran parte del esfuerzo bélico. La lucha por el Cáucaso sirvió a ese propósito, ya que los otomanos querían tomar Bakú, una ciudad que les daría mejor acceso al corazón de las posesiones británicas en Asia. Sin embargo, para ello, los otomanos necesitaban vencer la resistencia rusa y luchar a través de Armenia, controlada por Rusia, que había sido fuertemente fortificada desde 1878.

Los rusos serían los primeros en entablar combate en noviembre de 1914, justo cuando declararon la guerra, avanzando hacia la ciudad turca de Erzurum. La contraofensiva turca se lanzó poco después, con Enver Pasha al mando. El 3º Ejército otomano, que contaba con unos 300.000 hombres en total, fue dividido en tres y se le ordenó atacar las posiciones rusas por separado, algo que resultó ser un error fatal. Al principio, los otomanos tomaron la ciudad de Ardahan, pero sufrieron muchas bajas y no pudieron retenerla mucho tiempo. También fueron derrotados decisivamente en la batalla de Sarikamish, perdiendo más de la mitad de sus fuerzas y dando a los rusos una inyección de moral muy necesaria.

Las fuerzas turcas sufrieron de agotamiento y sobrecarga, perdiendo más hombres por enfermedad y deserción que en batalla. En la primavera de 1915, estaba claro que los esfuerzos turcos por tomar Bakú serían en vano, y los otomanos decidieron retirarse después de que la ofensiva rusa de marzo en Azerbaiyán los obligara a retroceder. Lo que siguió fueron varias victorias rusas: Erzurum y Trabzon fueron tomadas a finales de abril, seguidas de Erzincan en verano. Para entonces, el Cáucaso era la única región donde los rusos habían cosechado éxitos masivos, y el propio zar Nicolás llegó a Armenia en 1915 para demostrar que no abandonaría a sus súbditos ortodoxos.

Los armenios preferían vivir bajo el dominio de Rusia en lugar de la Turquía musulmana, y a menudo saboteaban a las fuerzas otomanas durante la campaña, algo que provocó el auge de las opiniones antiarmenias en Constantinopla. A partir de principios de 1915, los otomanos deportaron a millones de armenios de sus hogares turcos, cometiendo atrocidades en el proceso y matando a más de un millón de civiles inocentes. El genocidio armenio sería uno de los crímenes de guerra más horripilantes de la Primera

Guerra Mundial. En cuanto a la guerra en el Cáucaso, la situación quedaría en gran medida bajo control ruso, y los otomanos no lograrían ningún avance real en el frente.

Además del Cáucaso, también se libraron combates en Mesopotamia y Egipto, donde los británicos intentaron tomar represalias tras los humillantes sucesos de Galípoli. Antes de que la lucha llegara a Mesopotamia, Gran Bretaña logró tomar con éxito la ciudad portuaria turca de Basora, en el golfo Pérsico, en noviembre de 1914. Los soldados del Raj británico se organizaron en una fuerza expedicionaria para llevar a cabo esta operación. Con la toma de Basora, Gran Bretaña asumió una posición más favorable y esperó la acción turca.

La actividad se reanudó en diciembre de 1915, cuando los británicos intentaron llegar por la fuerza a la ciudad turca de Kut, pero abandonaron el asedio tras sufrir grandes bajas por parte de los defensores otomanos durante cuatro meses. La mayor parte de los combates se detuvieron en Mesopotamia durante casi otro año completo, mientras tanto solo se llevaron a cabo escaramuzas menores. Durante el resto de 1916, los británicos se reagruparon y planearon una ofensiva sobre Bagdad, capturando la ciudad en 1917 con la ayuda de los árabes locales a los que prometieron la liberación del dominio otomano. Tras tomar Bagdad, los británicos en Mesopotamia adoptaron un papel más defensivo, centrando la mayor parte de su atención en otros frentes de Oriente Próximo.

La situación en Egipto también se agravó tras la entrada del Imperio otomano en la guerra. Controlar el canal de Suez y el mar Rojo era fundamental para la estabilidad económica no solo de Gran Bretaña, sino también de la mayor parte de Europa, ya que todas las naciones dependían del comercio procedente de Asia, que en su mayor parte discurría a través del canal. Los otomanos amenazaban directamente la seguridad de Suez. Sin embargo, los otomanos no eran conscientes de que las tropas que sobrevivieron a Galípoli serían transportadas a Egipto para apoyar a la Fuerza Expedicionaria Egipcia (EEF) en la defensa del canal. Así pues, los esfuerzos otomanos por apoderarse de Suez en 1915 y a principios de 1916 fueron en gran medida infructuosos.

La EEF estaba más acostumbrada a luchar en condiciones duras, por lo que lideró a las fuerzas aliadas, que se beneficiaron de un sistema ferroviario recién desarrollado que utilizaron para repeler los ataques otomanos. Los combates se intensificaron en agosto de 1916. Las fuerzas británicas del ANZAC y la EEF lograron derrotar una ofensiva combinada germano-turca en la batalla de Romani. Motivados por su éxito, los británicos lanzaron una exitosa contraofensiva para capturar la península del Sinaí en Palestina, expulsando a los otomanos de la zona a principios de 1917.

Todos estos acontecimientos se desarrollaron en paralelo. De las campañas en las que participaron los otomanos, solo lograron un éxito relativo en Galípoli, pero incluso allí perdieron casi 250.000 soldados. En todos los demás lugares, las superiores fuerzas británicas y rusas fueron capaces de vencer fácilmente gran parte de la resistencia otomana. El Imperio otomano estaba plagado de inestabilidad política y múltiples golpes de estado instigados por la inteligencia británica. Las Potencias Centrales quedaron decepcionadas con la participación del Imperio otomano en la guerra.

Italia se une a los Aliados

Italia se encontraba quizás en la posición más incómoda cuando estalló la Gran Guerra en agosto de 1914. Al ser miembro de la Triple Alianza con Alemania y Austria-Hungría, estaba obligada por el tratado a apoyar a sus aliados en caso de guerra. Sin embargo, el tratado estipulaba que había que declararles la guerra a ellos, y no al revés. Como ya sabe, Alemania y Austria-Hungría declararon la guerra a la Entente, lo que significaba que Italia no tenía por qué ponerse del lado de las Potencias Centrales. Los italianos llevaban tiempo reconsiderando sus relaciones con las potencias europeas y nunca habían apoyado realmente a la Triple Alianza en tiempos de crisis en la escena internacional, algo que quedó claramente demostrado cuando Italia se puso del lado de Francia durante la primera crisis de Marruecos en lugar de Alemania.

Italia tenía el ejército más pequeño y menos experimentado de todos los grandes participantes en la guerra, por lo que tuvo que ser cuidadosa a la hora de elegir su papel en el conflicto. De hecho, Italia mantuvo la neutralidad durante todo el año 1914. Sin embargo, cuando quedó claro que ninguno de los dos bandos tenía ventaja después de los primeros meses y los países se dieron cuenta de que la guerra se iba a prolongar, ambos bandos se plantearon pedir ayuda a los italianos. Finalmente, en abril de 1915, Italia firmó en secreto el Tratado de Londres con Francia, Gran Bretaña y Rusia, en el que los Aliados ofrecían a Roma las provincias controladas por los austrohúngaros que estaban pobladas principalmente por italianos étnicos, como Trentino, Trieste, Tirol del Sur, Istria, Gorizia y el norte de Dalmacia.

Era una oferta que Roma no podía rechazar, sobre todo teniendo en cuenta que Italia, como cualquier otra nación en 1914, estaba sumida en un sentimiento nacionalista. El pueblo quería ver una nación fuerte y próspera, y la mejor manera de demostrar el poderío italiano era «recuperar» los territorios perdidos. Así, a finales de mayo de 1915, Italia se unió a los Aliados declarando la guerra a Austria-Hungría y, quince meses más tarde, a Alemania.

La inferioridad de los militares italianos se puso de manifiesto cuando lanzaron una ofensiva contra las posiciones austriacas en el río Isonzo, al noreste de Italia. El comandante italiano, el general Luigi Cadorna, quería atravesar la actual Eslovenia, pero se encontró con una feroz resistencia austriaca. Cadorna también fue instado a actuar por los Aliados, cuya estrategia principal preveía la creación de nuevas fronteras, ya que el frente occidental se había paralizado por completo.

Los Aliados esperaban lograr nuevos avances contra las Potencias Centrales, y las campañas del Isonzo y de Galípoli tenían ese objetivo. Sin embargo, los austrohúngaros, quizá debido a que el frente italiano estaba más cerca del corazón del imperio, no cedieron ni un ápice a los atacantes durante la mayor parte de 1915. En lo que se ha dado en llamar las batallas del Isonzo, los italianos al mando de Cadorna intentaron tomar las posiciones austriacas en doce ocasiones diferentes.

Tropas italianas en el río Isonzo
https://commons.wikimedia.org/wiki/File:Italian_troops_at_Isonzo_river.jpg

Al igual que en Galípoli, la región estaba rodeada de colinas y las tropas solo podían maniobrar a través de los estrechos valles del Isonzo. Naturalmente, esto daba una gran ventaja a los defensores, que disponían de más tiempo para establecer defensas. A menudo, las fuerzas imperiales se retiraban voluntariamente a las colinas para reposicionarse y conseguir un mejor punto de apoyo defensivo. De los cinco asaltos italianos iniciales, todos fueron rechazados con éxito por los austriacos en diciembre de 1915, y Cadorna perdió más de 250.000 hombres en el proceso.

Los austriacos lanzaron su propia contraofensiva en mayo de 1916, motivados por el fracaso de los italianos. Atacaron desde la región del Trentino, que bordeaba los Alpes, y amenazaron con cortar el paso al resto de las fuerzas italianas en Isonzo si conseguían avanzar. Al darse cuenta del peligro, el general Cadorna retiró la ofensiva de Isonzo y desvió las fuerzas para expulsar a los austriacos del norte. A finales de julio, los italianos habían conseguido recuperar parte del territorio perdido a manos de las fuerzas imperiales, pero aún no habían obtenido resultados significativos.

Nuevos acontecimientos en el teatro balcánico

Como ya hemos mencionado, el Imperio otomano y Bulgaria firmaron una alianza defensiva mutua cuando estalló la guerra. Y mientras los otomanos eran presionados por los alemanes para unirse a la Primera Guerra Mundial en el bando de las Potencias Centrales, también lo eran los búlgaros. Bulgaria, que había quedado algo aislada desde su derrota en la segunda guerra de los Balcanes, se encontraba en una posición bastante precaria y quería vengarse de Serbia. La amenaza obvia que existía con la entrada de Bulgaria en la guerra era una posible invasión rusa, que habría sido casi imposible de manejar. También existía la amenaza de una contraofensiva unida de Serbia y Montenegro. Aun así, se convenció fácilmente a los búlgaros para que se unieran a las Potencias Centrales, que prometían recuperar algunos de los territorios perdidos por Bulgaria. A pesar de ser la Potencia Central más pequeña, Bulgaria desempeñó un papel fundamental debido a su activa participación en el teatro balcánico. Contribuyó en gran medida a la derrota de Serbia y proporcionó a las Potencias Centrales una ruta terrestre crucial que conectaba el Imperio otomano con el resto de Europa Central.

La entrada de Bulgaria en la guerra se produjo tras la catastrófica invasión austrohúngara de Serbia. A finales de 1914, el ejército imperial no había avanzado mucho contra los serbios, a los que los Aliados abastecían para contener a las fuerzas austriacas. A principios de 1915, poco después de que Serbia recuperara Belgrado y expulsara a las fuerzas enemigas, el esfuerzo bélico austriaco se concentraría sobre todo en el frente oriental contra Rusia y en el Isonzo contra los italianos. Austria-Hungría solicitó ayuda a los alemanes, cada vez más molestos y frustrados por los constantes fracasos del ejército austriaco y su incapacidad para actuar. Alemania envió refuerzos en septiembre de 1915 para reanudar la invasión de Serbia y asegurarse de que se desarrollaba sin contratiempos. Y para empeorar las cosas para los serbios, Bulgaria declaró formalmente la guerra en octubre. A mediados de octubre, Serbia estaba rodeada al norte por austriacos y alemanes, y al este y sureste por los búlgaros.

Bulgaria aportó 600.000 soldados más al esfuerzo bélico, y estaba claro que Serbia no tenía ninguna posibilidad. Así, a finales de 1915, los serbios organizaron una retirada total, con la esperanza de recibir al menos alguna ayuda de los Aliados. Tras alcanzar el Adriático, los serbios sufrieron varias derrotas frente a las fuerzas combinadas de las Potencias Centrales, y sus aliados montenegrinos cayeron ante la invasión. Los serbios se vieron obligados a huir a Grecia por mar.

Los Aliados no esperaban que la guerra se intensificara tan rápidamente en los Balcanes. Como acababan de dedicar muchos hombres a la campaña de Galípoli, decidieron enviar una fuerza de socorro de la operación anfibia para ayudar a los serbios a tomar represalias. Las fuerzas aliadas, al mando del general francés Maurice Sarrail, llegaron a la ciudad griega de Salónica (la moderna Tesalónica) a principios de octubre con la intención de llegar a la frontera serbia. Sin embargo, los refuerzos se retrasaron porque el rey Constantino I tenía sentimientos proalemanes. Destituyó al gobierno pro Aliado y no permitió que las fuerzas expedicionarias siguieran avanzando.

La situación se agravó hasta el punto de que las fuerzas Aliadas participaron de hecho en la revolución política griega para instalar un gobernante favorable. Fueron retenidas en Salónica hasta la primavera de 1916. Finalmente, los Aliados consiguieron derrotar la resistencia monárquica y obligar al rey Constantino I a abdicar. Para entonces, las posiciones serbias habían sido completamente invadidas por la invasión dirigida por los alemanes desde el norte y los ejércitos búlgaros desde el este, lo que complicó aún más la situación.

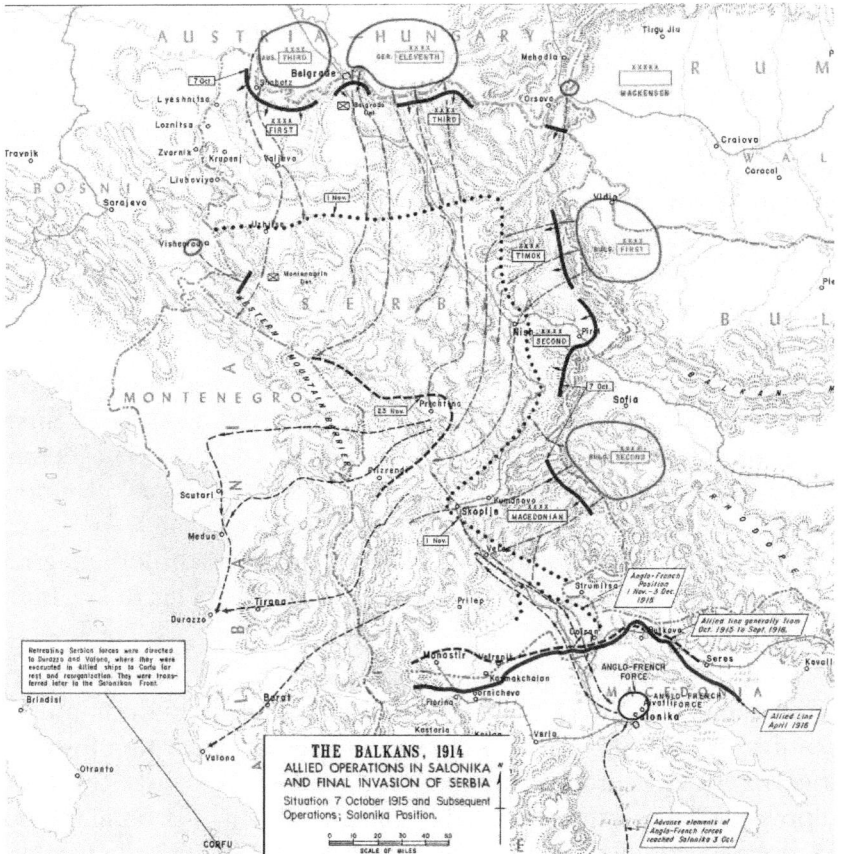

El teatro de los Balcanes
https://commons.wikimedia.org/wiki/File:Serbia-WW1-3.jpg

El teatro balcánico no vería más acciones significativas durante más de un año. En 1916, las Potencias Centrales habían conseguido derrotar a Serbia, destruyendo gran parte de su ejército y expulsándola más allá de su frontera. Bulgaria ocupó los territorios que había deseado recuperar en la guerra, pero esto, unido al hecho de que Rumania se unió a la guerra a mediados de 1916 en el bando de los Aliados, complicó las cosas para la opinión pública búlgara y el alto mando. Los búlgaros habían logrado sus objetivos iniciales, pero como se habían visto arrastrados a una guerra total en la que había que tener en cuenta los intereses de múltiples naciones, no podían abandonar sin más el esfuerzo bélico. Obligada por alemanes y austriacos a mantener la presión contra sus enemigos, Bulgaria permaneció en la guerra más tiempo del debido, sufriendo unas 300.000 bajas en total, el mayor número de pérdidas per cápita de todas las naciones participantes.

En cuanto a los Aliados, tras el éxito del golpe griego, decidieron lanzar una contraofensiva hacia Serbia y Macedonia al tiempo que reforzaban sus ejércitos estacionados en Grecia. Sin embargo, a pesar de obtener cierto éxito contra los búlgaros con la ofensiva de Monastir, los Aliados sufrieron muchas bajas sin poder lograr avances significativos. El esfuerzo bélico se había visto frustrado en los Balcanes. Y como Serbia había sido eliminada, la guerra allí favoreció a las Potencias Centrales. En 1917, cuando Grecia se unió formalmente a la Primera Guerra Mundial en el bando de los Aliados, casi 500.000 soldados franceses, británicos, serbios y rusos estaban retenidos en Grecia, incapaces de romper la resistencia.

Capítulo Diez - Los años de estancamiento

En 1915, ambos bandos habían visto aumentar el número de sus aliados: a las Potencias Centrales se unieron el Imperio otomano y Bulgaria, y los Aliados incorporaron a Italia. A medida que estos nuevos actores se involucraban en el conflicto, se hizo evidente que ofrecían nuevas oportunidades de explotación. Cada bando intentó trasladar el conflicto del corazón de Europa a otras regiones para debilitar al enemigo.

Dado que la guerra se desarrolló de forma diferente en los nuevos teatros y no supuso realmente un giro decisivo en el equilibrio general de poder, es un buen momento para analizar lo que estaba ocurriendo en los frentes occidental y oriental desde principios de 1915 hasta 1916. Este capítulo se centrará en los esfuerzos de los Aliados por romper el estancamiento en el frente occidental, así como en los acontecimientos más emocionantes en el frente oriental, donde Rusia se enfrentaba a un nuevo contrincante.

Los Aliados fracasan en el frente occidental

El frente de 740 kilómetros (460 millas), establecido tras la derrota de Alemania en la batalla del Marne, resultó en un completo punto muerto para ambos bandos. Tras atrincherarse a finales del verano y principios del otoño de 1914, ni los Aliados ni los alemanes lograron avanzar en absoluto, ni fue realmente posible abrir una brecha. Los alemanes fueron los primeros en darse cuenta de que la guerra de trincheras significaba un punto muerto en el frente occidental. Con el paso del tiempo, empezaron a desplazar cada vez más tropas al frente oriental para ayudar a los austriacos contra Rusia. Era como si Alemania estuviera actuando de acuerdo con las tácticas previstas en el Plan Schlieffen. La naturaleza de la guerra de trincheras dejó claro que en realidad no se necesitaban muchos soldados para defender un posible avance aliado. En su lugar, el alto mando alemán decidió jugar a largo plazo desarrollando sus sistemas de trincheras y asegurándose de que los recursos se asignaban adecuadamente a otras regiones en guerra.

El jefe del estado mayor Moltke fue sustituido en septiembre de 1914 por Erich von Falkenhayn, que impulsó una estrategia defensiva en el oeste y es parcialmente responsable del estancamiento de casi dos años en las trincheras. Enviando constantemente suministros a los soldados en las trincheras para asegurarse de que nunca se verían desbordados por una ofensiva aliada e incluso construyendo toda una nueva red ferroviaria «vertical» para conectar mejor a las tropas atrincheradas, Alemania estaba en buena posición para desviar sus esfuerzos hacia el este.

Los Aliados tenían un planteamiento completamente distinto. Estaban ansiosos por romper las defensas alemanas y lograr al menos algún avance contra las Potencias Centrales. Los esfuerzos aliados por abrir nuevas fronteras servían a ese propósito, ya que esperaban presionar a sus enemigos en diferentes regiones del mundo para debilitar indirectamente las defensas alemanas en las trincheras occidentales. Una ofensiva coordinada en el debilitado frente occidental sería el camino más corto hacia el corazón alemán y, por tanto, hacia la victoria.

Durante la mayor parte de 1915, los Aliados intentaron una y otra vez derrotar a los alemanes en el frente occidental, pero la capacidad defensiva de las trincheras resultó demasiado difícil de superar. Los franceses estaban especialmente ansiosos por seguir intentando forzar un avance, pero no lo consiguieron. El alto mando Aliado llegó incluso a considerar la posibilidad de desembarcar en la costa alemana del Báltico para forzar el desplazamiento de la batalla fuera de las trincheras, pero la estrategia se desechó en favor de nuevos esfuerzos en el frente occidental.

Los constantes esfuerzos aliados por asaltar las posiciones alemanas en el frente occidental resultaron extremadamente ineficaces, con la pérdida de unos cincuenta mil soldados aliados a principios de 1915. El alto mando creía erróneamente que la mejor manera de hacer frente a las defensas enemigas era bombardearlas continuamente con artillería, pero el bombardeo nunca se produciría con un margen de tiempo que permitiera a las tropas aliadas acercarse a distancia de combate. Las ametralladoras alemanas, que no se inmutaban con el fuego de artillería, acribillaban sin descanso a cualquiera que intentara cruzar «tierra de nadie».

Tiempos desesperados exigían medidas desesperadas. A finales de la primavera de 1915, los Aliados lanzaron una gran ofensiva que se conoció como la batalla de Aubers. El objetivo era arrebatar a los alemanes la importante cresta de Aubers, y el 10º Ejército francés y las BEF (Fuerzas Expedicionarias Británicas por sus siglas en inglés) intentaron romper la línea del frente en tres puntos diferentes. Sin embargo, sus esfuerzos fueron en vano. Las fuerzas británicas fueron completamente aniquiladas, y las francesas continuaron su asalto hasta que se vieron obligadas a retirarse a las trincheras en junio.

A finales de septiembre se produjo otro esfuerzo combinado aliado, que tampoco dio resultados y se saldó con terribles pérdidas, a pesar de los incesantes bombardeos de las posiciones alemanas. Estos bombardeos, que pretendían debilitar y desorientar al enemigo antes de que las tropas recibieran la orden de cruzar tierra de nadie, en realidad indicaban a los alemanes que un asalto era inminente, dándoles tiempo para llamar a sus reservas y reforzar las zonas bombardeadas. Esta fue la única táctica que utilizaron los Aliados para intentar atravesar las trincheras en 1915 y, al final, se saldó con la pérdida de más de 250.000 vidas francesas y británicas. Los alemanes, por su parte, solo perdieron alrededor de la mitad de esa cantidad a finales de año.

Estos infructuosos intentos aliados también repercutieron en las economías británica y francesa, ya que ambos países se quedaron sin munición de artillería a finales de 1915. Los Aliados tenían claro que seguir asaltando las trincheras sería muy costoso, lo que les impulsó a idear nuevas estrategias para sortear el estancamiento. Durante este tiempo, el esfuerzo bélico contra el Imperio otomano tomó su verdadera forma, y los Aliados enviaron más tropas contra los turcos para lograr al menos algún éxito en la guerra. Sin embargo, solo habían sufrido pérdidas y la opinión pública estaba cada vez más cansada.

La Gran Retirada rusa

A diferencia del estancamiento en el frente occidental, los combates en el este resultaron ser mucho más importantes. Tras tomar finalmente Przemyśl después de meses de guerra de asedio, las tropas rusas lograron avances significativos en Galitzia, especialmente si se comparan con sus esfuerzos en Prusia Oriental. La derrota de los ejércitos rusos en el norte a manos de los alemanes impulsó a los rusos a idear un plan que reforzara su flanco septentrional a la vez que presionaba por la región alemana de Silesia, más al oeste.

La situación era aún más complicada para las Potencias Centrales, ya que Austria-Hungría estaba siendo atacada desde distintos flancos por diferentes enemigos. Como consecuencia, a mediados de 1915, el imperio tuvo que dividir sus fuerzas para luchar contra los serbios y los italianos en dos frentes, al tiempo que desviaba una parte importante de sus ejércitos para contener el avance ruso. Aunque Alemania había confiado en que Austria-Hungría sería capaz de detener a los rusos el mayor tiempo posible, el ejército austriaco nunca consiguió un éxito significativo por sí solo. Afortunadamente para Viena, el estancamiento del frente occidental permitió a los alemanes volver a centrarse en el este con mayor rapidez. A lo largo de 1915, cada vez más tropas alemanas llegaron a Galitzia para hacer retroceder a los rusos.

Así, las Potencias Centrales empezaron a consolidar lentamente sus esfuerzos. En uno de los primeros encuentros de 1915, los alemanes fueron capaces de derrotar a los rusos en la segunda batalla de los Lagos Masurianos, disuadiendo los esfuerzos rusos de reforzar el flanco norte. Este éxito llevó a las Potencias Centrales a idear un plan que preveía un empuje concentrado a través del centro ruso, agrupando las divisiones austriacas y alemanas disponibles para abrumar a la oposición. La ofensiva de Gorlice-Tarnów resultó ser un gran éxito, ya que las Potencias Centrales lograron todos los objetivos principales y en junio habían hecho retroceder a los rusos unas ochenta millas (128 kilómetros). Incluso lograron recuperar el control de la ciudad perdida de Lemberg y de la recién capturada Przemyśl.

Sin embargo, la ofensiva tuvo quizás demasiado éxito, ya que los altos mandos de Austria y Alemania no habían previsto tal avance antes del lanzamiento del ataque. Como resultado, retrasaron nuevas órdenes a las tropas y dieron a Rusia la oportunidad de retirarse completamente del centro sin sufrir más bajas.

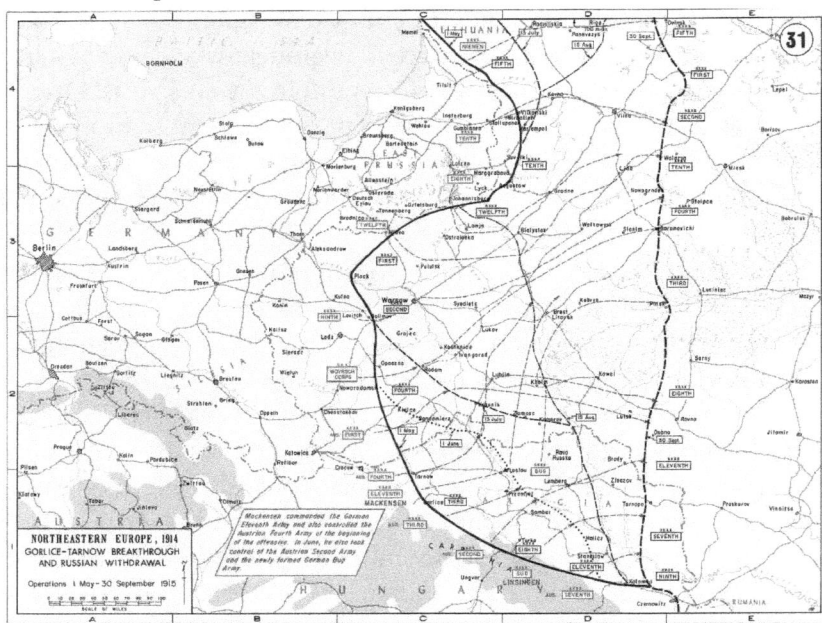

La Gran Retirada rusa, 1915
https://commons.wikimedia.org/w/index.php?curid=726155

Como resultado de la ofensiva, las Potencias Centrales habían avanzado efectivamente a través del mismo centro de las líneas del frente ruso, y el jefe de Estado Mayor Falkenhayn se dio cuenta de que necesitaba aprovechar la oportunidad para rodear completamente a las fuerzas rusas por el flanco norte, que los alemanes y los austriacos habían eludido. El nuevo plan se llevó a cabo en julio de 1915 y preveía cortar el paso a las tropas rusas estacionadas en la zona de Varsovia. Sin embargo, a pesar de capturar a miles de enemigos en la ofensiva hacia el norte, desde Galitzia hasta el sur de Prusia Oriental, las Potencias Centrales no fueron capaces de sacar el máximo provecho. Para acortar el tiempo que tardarían en llegar a Varsovia, eligieron un camino más corto en lugar de cercar y rodear a los rusos más desde el este. Esto, en teoría, les habría permitido rodear aún más fuerzas rusas.

Los rusos se dieron cuenta del peligro que corrían y ordenaron una retirada total de la zona, renunciando a cualquier progreso que hubieran hecho en los primeros meses de la guerra. La Gran Retirada salvó las vidas de muchos soldados aliados y permitió a Rusia continuar con el esfuerzo bélico. Sin embargo, en total, los ejércitos del zar perdieron unos 750.000 soldados en cinco meses, más que ninguna otra potencia europea.

Verdún y el Somme

Paralelamente a los acontecimientos en el frente oriental en 1915, los aliados en el frente occidental se habían estado recuperando en gran medida de sus fallidos asaltos a las trincheras alemanas. Como ya hemos comentado, estos ataques produjeron una escasez de proyectiles en Gran Bretaña, además de costar cientos de miles de vidas. Así pues, durante el resto de 1915, los Aliados idearon nuevos planes para lograr el éxito en el frente occidental. Tras los fracasos de principios de 1915, Gran Bretaña y Francia comenzaron a reclutar más hombres, reponiendo rápidamente sus pérdidas y preparándose para una ofensiva renovada.

El alto mando alemán creía que la guerra les había resultado muy favorable hasta el momento. Con los refuerzos alemanes que llegaban a Serbia y a la Polonia rusa, así como con los austrohúngaros que lograban mantener a raya a los italianos, el jefe del Estado Mayor Falkenhayn confiaba en que lo mejor sería un enfoque lento en el frente occidental. Falkenhayn ideó un plan que preveía principalmente asestar un golpe significativo a las posiciones aliadas en el Oeste mediante un asalto a la ciudad de Verdún, que se encontraba en el saliente (una estrecha brecha en las líneas del frente enemigo), favoreciendo una convergencia alemana. Falkenhayn creía que los limitados avances concentrados sobre Verdún incitarían a los franceses a enviar reservas para defender sus posiciones, sacando a un gran número de soldados enemigos y exponiéndolos al intenso fuego de la artillería alemana. Los franceses se verían obligados a defender Verdún debido a su importancia estratégica y, en el proceso, sufrirían muchas bajas. De hecho, Falkenhayn pretendía desangrar a los franceses todo lo posible para impedir que los Aliados lanzaran otra ofensiva que retuviera a más alemanes en el oeste.

Las tropas alemanas pasaron a la ofensiva el 21 de febrero de 1916, bombardeando las posiciones francesas y preparándose para un asalto frontal completo. El río Mosa, que atravesaba la ciudad de Verdún, era crucial, y uno de los objetivos iniciales de los alemanes era apoderarse con éxito de ambas orillas del río. La primera ofensiva alemana tuvo éxito, capturando el cercano fuerte Douaumont tras solo tres días de lucha. Los franceses, conscientes de que perder Verdún supondría un importante avance alemán en el frente occidental, se dirigieron a sus aliados instándolos a actuar.

De hecho, antes de la ofensiva alemana de Verdún, todos los aliados se habían reunido en la ciudad francesa de Chantilly para discutir una ofensiva unida y múltiple contra las Potencias Centrales. Como los combates en Verdún se habían intensificado, se sintieron obligados a atacar en diferentes puntos para tratar de aliviar parte de la presión sobre Francia. Los italianos reanudaron su ofensiva en el Isonzo, los rusos intentaron abrirse paso en el este y los británicos sustituyeron a los franceses en Arras, en el frente occidental, liberando tropas francesas para utilizarlas en la defensa de Verdún.

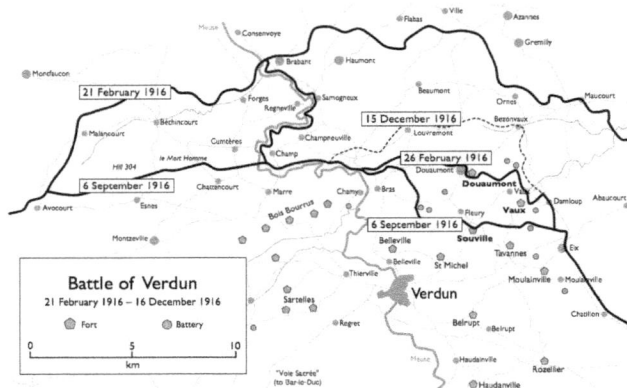

Batalla de Verdún

Aun así, no fue suficiente para detener el avance de los alemanes. El general francés Phillipe Pétain se negó a abandonar las posiciones defensivas que habían asumido sus fuerzas y ordenó feroces contraataques contra los alemanes que avanzaban, deteniéndolos. Los contraataques ganaron tiempo suficiente para que la artillería francesa se movilizara y devolviera el fuego a mediados de marzo. Los franceses, superados en número, fueron retrocediendo poco a poco, cediendo fuertes por el camino para que los alemanes los ocuparan y utilizaran como defensas. Un mes más tarde, después de que los alemanes hubieran transferido aún más hombres para reforzar la ofensiva en Verdún, empezaron a presionar aún más, pasando de confiar en la artillería a confiar en el número de efectivos para abrirse paso y obligar a la ciudad a rendirse. Finalmente, a principios de junio, tras unos cuatro meses de incesantes combates, los alemanes estuvieron a punto de capturar la ciudad de Verdún y derrotar a las fuerzas francesas. Pero nuevos acontecimientos en el frente occidental los obligaron a retrasar su avance.

Tras acordar lanzar una contraofensiva contra los alemanes y relevar a los defensores franceses en Verdún, británicos y franceses idearon un plan para un asalto concentrado en el norte de Francia, en el río Somme. Los Aliados procedieron finalmente a un ataque frontal el 1 de julio de 1916, tras una semana de intensos bombardeos. La ofensiva aliada en el Somme disuadió a los alemanes de enviar más refuerzos a la batalla de Verdún, lo que dio a los franceses el tiempo que necesitaban para contraatacar.

Dirigidos por el comandante en jefe británico Douglas Haig, los primeros esfuerzos por romper las defensas alemanas en el Somme acabaron de forma desastrosa para el 4º Ejército de la BEF. A los británicos se les ordenó cruzar un par de millas de tierra de nadie. Cargados con equipo pesado y enfrentados a un intenso fuego de ametralladoras alemanas, los británicos perdieron unos 60.000 soldados en el asalto, la mayor cantidad sufrida por el Ejército Real en un solo día. A pesar de ello, el general Haig creía firmemente que el avance en el Somme era la única forma de salvar a los franceses de ser derrotados completamente en Verdún. Tras el fracaso del primer asalto, ordenó otro ataque contra la parte sur de las defensas alemanas.

Adoptar un método más lento resultó ser más eficaz, ya que los británicos consiguieron cierto éxito el 14 de julio al doblegar a los alemanes en Ovillers. A pesar de que Haig era optimista respecto a nuevos avances, decidió continuar con los asaltos parciales a las posiciones alemanas durante los dos meses siguientes. No se ganó terreno significativo, pero los británicos pudieron mantener ocupada una gran parte del ejército alemán en el frente occidental. En septiembre, se utilizaron los primeros tanques en el Somme, pero no supuso ningún éxito real para los británicos. Al final, los aliados decidieron atrincherarse, aceptando el hecho de que parecía imposible seguir avanzando. Se calcula que los británicos sufrieron unas 400.000 bajas en el Somme. La batalla del Somme también causó 150.000 bajas francesas y unas 550.000 alemanas. A finales de septiembre, se había abandonado la ofensiva, sin haber obtenido ninguna victoria real, aunque estaba justificada por el hecho de que pudo actuar como distracción para las fuerzas alemanas en Verdún.

La ofensiva británica en el Somme
https://commons.wikimedia.org/wiki/File:Going_over_the_top_01.jpg

La contraofensiva aliada en el Somme influyó drásticamente en el curso de la batalla de Verdún, donde los franceses pudieron transferir refuerzos y reorganizarse tras la inactividad de los alemanes durante todo el verano. A partir de septiembre, los franceses, ahora bajo el mando del general Charles Mangin, tomaron represalias y recuperaron los importantes fuertes de Douaumont y Vaux en diciembre. Los franceses avanzaron lenta y firmemente, mientras que los alemanes, que contaban con menos recursos, se vieron obligados a renunciar a sus logros en Verdún. Los combates cesaron en gran medida a mediados de diciembre, tras lo cual las tropas francesas pudieron estabilizar la situación y restablecer las posiciones defensivas.

En total, la batalla de Verdún duró 302 días, con unas 350.000 bajas en cada bando. Se ha convertido en una de las batallas más famosas de la Primera Guerra Mundial, sinónimo de derramamiento de sangre y resistencia francesa.

La ofensiva de Brusilov

Mientras dos de las batallas más famosas de la Primera Guerra Mundial se desarrollaban en el frente occidental, también había una importante actividad en el frente oriental, donde los rusos intentaron montar otra ofensiva para debilitar a Alemania y ayudar a aliviar la presión sobre el oeste. Con muchos alemanes ocupados luchando contra Francia y Gran Bretaña, y los austrohúngaros enviando más fuerzas para hacer frente a Italia, el alto mando ruso creyó que era el momento adecuado para atacar y recuperarse de la Gran Retirada.

Bajo el mando del general Alexander Brusilov, Rusia ideó un plan para atacar a los austrohúngaros en Galitzia y recuperar la Polonia rusa. Al comienzo de la operación, el 4 de junio de 1916, la línea del frente entre Rusia y las Potencias Centrales se había desplazado hacia el este, extendiéndose hacia el sur desde la costa del Báltico y la ciudad de Riga hasta la frontera rumana. Sin embargo, en unos dos meses, los rusos habían conseguido avanzar significativamente, empujando a las tropas austriacas y alemanas hacia el oeste de Varsovia, marcando una de las ofensivas más impresionantes del frente oriental.

El éxito de la ofensiva Brusilov se atribuye a la cuidadosa planificación que se llevó a cabo meses antes de su lanzamiento, con el alto mando ruso comprendiendo correctamente que sus fuerzas se enfrentarían a una resistencia austriaca limitada durante el asalto debido a la guerra de esta última con Italia. Los cuatro ejércitos bajo el mando del general Brusilov se coordinaron extraordinariamente bien, aplastando fácilmente a las mal preparadas tropas austrohúngaras y obligándolas a retirarse tras una serie de rápidos asaltos a sus posiciones. Los austrohúngaros se rindieron en gran número, y los rusos capturaron unos 200.000 soldados en Czernowitz, cifra que aumentó hasta 400.000 al final de la ofensiva en septiembre. El número total de bajas para las Potencias Centrales ascendió a más de un millón, con cerca del 90 por ciento de las pérdidas procedentes de los austrohúngaros. La ofensiva de Brusilov fue una victoria notable que demostró la verdadera fuerza militar de Rusia.

Sin embargo, a pesar de obligar a los austrohúngaros a retroceder hasta los Cárpatos, la ofensiva Brusilov no terminó como esperaba el alto mando ruso. La constante escasez de suministros y la falta de comunicaciones adecuadas supusieron un enorme problema para los rusos, que, tras la llegada de los alemanes, se vieron obligados a retirarse, temerosos de que el saliente que habían establecido pudiera ser flanqueado por las fuerzas alemanas. Además, los avances de Brusilov tuvieron un coste enorme. Se calcula que hubo un millón de bajas rusas, la mayoría de las cuales fueron capturadas o desertaron. El general Brusilov se sintió decepcionado por la falta de disciplina, que minó sus esfuerzos por seguir presionando a las Potencias Centrales. La ofensiva Brusilov fue quizás lo último positivo que experimentaría Rusia durante el resto de la guerra.

Una consecuencia directa del éxito ruso en la ofensiva fue la entrada de Rumanía en la guerra del lado de los Aliados en agosto de 1916. Los Aliados prometieron a Rumanía la provincia austriaca de Transilvania, que históricamente había formado parte de Rumanía y estaba habitada en gran parte por rumanos. Sin embargo, la entrada de Rumanía en la guerra no produjo los resultados esperados por los Aliados. Tras una ofensiva relativamente lenta en Transilvania por parte del ejército rumano, las Potencias Centrales no tardaron en responder organizando una contraofensiva desde Bulgaria que se adentró fácilmente en el sur de Rumanía. Los búlgaros, con refuerzos alemanes y bajo mando alemán, se abrieron paso rápidamente a través de las defensas rumanas, logrando una victoria tras otra hasta alcanzar finalmente Bucarest en diciembre. La capital rumana cayó el 6 de diciembre de 1917, y el ejército se vio obligado a retirarse hacia el norte, a Moldavia, y buscar refugio bajo la protección rusa.

Capítulo Once - La guerra en el mar

Una vez analizados los acontecimientos militares más significativos desde el inicio de la guerra hasta finales de 1916, ha llegado el momento de examinar una parte crucial de la Primera Guerra Mundial: la guerra en el mar. Hemos abordado brevemente el aspecto naval del conflicto cuando hablamos de la «compra» por parte del Imperio otomano de dos buques de guerra alemanes, el *Goeben* y el *Breslau*, algo que fue uno de los precursores de la entrada de los otomanos en la guerra en el bando de las Potencias Centrales. Sin embargo, esta fue solo una pequeña parte de los acontecimientos navales que tuvieron lugar durante la Gran Guerra. Este capítulo se centrará en los acontecimientos cruciales que dieron forma a la guerra naval entre ambos bandos, centrándose en la rivalidad entre Gran Bretaña y Alemania que se intensificó hasta convertirse en un conflicto total en el mar y revolucionó la guerra.

Los primeros encuentros

Antes del comienzo de la guerra, Alemania realizó importantes esfuerzos para intentar alcanzar a Gran Bretaña en términos de fuerza naval. A finales del siglo XIX, se creía cada vez más que poseer una armada fuerte era la clave para la dominación mundial. Gran Bretaña había disfrutado de la supremacía naval durante siglos, poseía la mayor flota de todas las grandes potencias y contaba con personal experimentado y disciplinado. Aun así, Alemania consiguió compensar la disparidad que existía con Gran Bretaña al comienzo de la guerra. A pesar de no superar en número a la Royal Navy, los alemanes confiaban en poder hacer frente a los británicos.

Los *dreadnoughts* dominaban los arsenales navales de ambas naciones. Los barcos estaban armados con varios cañones grandes y pequeños, y reforzados con acero para darles durabilidad. A lo largo de la guerra, la tecnología naval se desarrolló drásticamente, con la creación y el aumento del uso de cruceros de batalla, torpederos y submarinos. Los cruceros de batalla eran básicamente versiones modificadas de los acorazados, algunos sin blindaje para aumentar la velocidad y otros con más artillería para aumentar su potencia. Los torpederos, también conocidas como destructores, eran barcos más pequeños, muy rápidos y eficaces en encuentros rápidos. Los submarinos, que adquirieron gran protagonismo con los submarinos alemanes, no eran tan buenos luchando contra buques de guerra, pero resultaban extremadamente eficaces presionando los bloqueos navales y realizando ataques por sorpresa.

Submarino alemán con su tripulación
https://commons.wikimedia.org/wiki/File:German_U-boat_UB_14_with_its_crew.jpg

La primera gran batalla entre alemanes y británicos en alta mar fue la de Helgoland Bight, a finales de agosto de 1914. Una parte de la flota británica consiguió destruir varios cruceros ligeros alemanes y matar a unos mil hombres, sufriendo a cambio solo treinta y cinco bajas. Los alemanes tomaron represalias gracias a sus submarinos, que aún eran un invento reciente al principio de la guerra. A lo largo de octubre, los submarinos alemanes demostraron ser problemáticos, ya que se dispersaron por el mar del Norte, asestando importantes golpes a varios buques de guerra británicos. Aun así, en los encuentros en el océano, los británicos fueron capaces de derrotar a parte de la Flota de Alta Mar alemana. En enero de 1915, en la batalla de Dogger Bank, el crucero alemán *Blücher* fue hundido por la Royal Navy sin sufrir bajas.

Donde los alemanes tuvieron más éxito en el mar fue en otras partes del mundo, especialmente en Asia Oriental, donde la Flota de Alta Mar alemana contaba con una escuadra de cuatro cruceros de batalla bajo el mando del almirante Graf Maximilian von Spee. Mediante bombardeos rápidos y concentrados, la escuadra creó muchos problemas a los británicos, que tuvieron que vigilar sus vastas posesiones en Asia y Oceanía, estirando su armada para defender diferentes lugares. Además de dañar el comercio aliado, los alemanes también navegaron hasta las costas de las posesiones británicas y francesas, donde bombardearon los puertos que se utilizaban para transportar las tropas coloniales aliadas al frente de batalla en Europa. El crucero alemán *Emden*, por ejemplo, fue capaz de destruir por sí solo hasta quince buques de transporte aliados en noviembre de 1914, hasta que finalmente fue hundido frente a las islas Cocos por la Royal Navy.

El resto de la escuadra fue reforzada por Alemania a finales de mes, y logró una impresionante victoria contra los buques británicos en la batalla de Coronel, donde hundió dos cruceros británicos sin perder ninguno de los suyos. Para hacer frente a la escuadra alemana de Asia Oriental, Gran Bretaña envió más buques a los océanos Pacífico e Índico. La Royal Navy pudo finalmente atrapar a los alemanes cerca de la costa sudamericana del Pacífico. Bajo el mando del almirante sir Doveton Sturdee, ocho cruceros británicos persiguieron a la escuadra alemana y hundieron todos los barcos enemigos. Con esta victoria, pusieron fin a las perturbaciones del comercio causadas por Alemania.

Bloqueos

Como ambos bandos se dieron cuenta de que podían dañar considerablemente la economía del otro interfiriendo en el comercio internacional y en las colonias, Alemania y Gran Bretaña se dedicaron con saña a dominar los corredores de transporte y a cortarse mutuamente las líneas de suministro. Desde el comienzo de la guerra, Gran Bretaña organizó un enorme bloqueo naval de Alemania cubriendo los dos puntos marítimos que los alemanes utilizaban para acceder al comercio internacional: el canal de la Mancha y la entrada al mar del Norte por la costa de Escocia. Cubrir el estrecho de Dover con minas marinas fue suficiente para disuadir a los barcos alemanes de tomar esa ruta. En el norte, la Royal Navy desplegó una escuadra de cruceros pesados y ligeros para patrullar una amplia zona y asegurarse de que no llegara a la costa alemana ningún material que pudiera ser utilizado para la guerra.

Para responder al bloqueo, Alemania empezó a confiar en sus submarinos, que demostraron ser extremadamente eficaces a la hora de derribar buques mercantes. De hecho, en parte debido a que la escuadra de superficie alemana de Asia Oriental había sido destruida por la Royal Navy, los alemanes aumentaron su producción y uso de submarinos. A principios de 1915, los ataques submarinos solo se llevaban a cabo contra buques no militares después de que los alemanes emitieran avisos a los buques objetivo para garantizar la evacuación segura de las tripulaciones inocentes. Sin embargo, con el paso del tiempo, los Aliados se adaptaron y empezaron a hacer frente a los submarinos implementando nuevas medidas de defensa como redes submarinas, nuevos tipos de minas, bombas de profundidad especiales para atacar a los submarinos y nuevos radares capaces de detectar las ondas sonoras generadas por el crujido de los motores alemanes bajo el agua. Los Aliados también empezaron a armar y reforzar sus buques mercantes para evitar demasiados daños. Francia también ayudó significativamente, ya que desplegó una armada decente para apoyar a Gran Bretaña. Juntos, los Aliados consiguieron superar el problema de los submarinos.

La situación no mejoró para Alemania a lo largo de 1915, ya que los alemanes declararon hostiles las aguas cercanas a las islas británicas, afirmando que tenían derecho a atacar cualquier barco, aliado o no, que considerasen necesario. Los países neutrales no vieron con buenos ojos esta decisión, pues creían correctamente que Alemania no tenía derecho a abrir fuego contra barcos que no tenían nada que ver con la guerra y se limitaban a realizar actividades habituales. El descontento de la opinión pública hacia Alemania alcanzó su punto álgido en mayo de 1915, cuando los submarinos alemanes hundieron el transatlántico británico *Lusitania*, uno de los mayores buques de transporte del mundo. Se dirigía a Liverpool desde Nueva York. Murieron más de mil civiles inocentes, entre ellos 128 ciudadanos estadounidenses.

La comunidad internacional, especialmente Estados Unidos, adoptó una postura cada vez más antialemana tras este suceso, pero el gobierno estadounidense, manteniéndose fiel a su política de neutralidad, calmó el sentimiento de la opinión pública, que clamaba por la guerra con Alemania. Los alemanes provocarían a Estados Unidos en varias ocasiones más hundiendo otros barcos no militares. Las protestas de Estados Unidos harían que Alemania cesara toda su actividad submarina al oeste de las islas británicas a finales de 1915.

RMS Lusitania en 1907
https://commons.wikimedia.org/wiki/File:Lusitania_1907.jpg

Jutlandia

El acontecimiento más importante y famoso de la guerra naval se produciría en mayo de 1916. El recién nombrado comandante en jefe de la Flota de Alta Mar alemana, el almirante Reinhard Scheer, observó cuidadosamente los movimientos de la Royal Navy británica a principios de 1916, creyendo que los alemanes tenían la oportunidad de explotar una superioridad numérica temporal y asestar un golpe masivo a los británicos. Con el grueso de la Royal Navy patrullando cerca de las islas Orcadas, el almirante Scheer ideó un plan que preveía enfrentarse a la flota británica en la costa este inglesa. Scheer creía que los alemanes podrían superar con eficacia la fuerza de la Royal Navy británica y lograr una victoria decisiva.

Afortunadamente para los aliados, la inteligencia británica pudo interceptar y descodificar una parte de la transmisión del alto mando alemán y alertó inmediatamente al almirante John Jellicoe, que estaba al mando de la Gran Flota, para que reforzara al almirante David Beatty y a sus hombres. Aun así, los alemanes no tardaron en atacar a los barcos de Beatty, abrumándolos con su potencia de fuego y hundiendo un crucero. Después de que la mayoría de los barcos de Beatty se movilizaran y devolvieran el fuego, los alemanes enviaron a sus destructores con un ataque de torpedos, hundiendo otro acorazado, el *Queen Mary*.

El almirante Beatty se dio cuenta de que no podía contener más a la flota alemana y decidió retirarse hacia el norte para ganar tiempo hasta que llegara el almirante Jellicoe. Durante la siguiente hora, los alemanes persiguieron a los barcos de Beatty, que los condujeron a la escuadra de Jellicoe, que había establecido una línea de batalla, lista para la llegada del enemigo. Durante la siguiente media hora, los alemanes maniobraron a través de una andanada de la Royal Navy británica, consiguiendo reorganizarse solo gracias a la durabilidad de sus barcos y a la disciplina de la tripulación. Fueron capaces de devolver el fuego rápidamente.

Entonces, en un giro extraordinario de los acontecimientos, el almirante Scheer, al darse cuenta de que sus barcos seguían enfrentándose a una línea de batalla organizada, ordenó a los alemanes realizar un giro de 180 grados para evitar un enfrentamiento total con los británicos. Se trataba de una maniobra extremadamente arriesgada y difícil para un solo barco, por no hablar de todo un conjunto de enormes cruceros y acorazados, pero fue ejecutada a la perfección por la experimentada y bien entrenada tripulación alemana.

Scheer dirigió sus barcos hacia el sur, y el almirante Jellicoe ordenó a su flota perseguir a los alemanes en una línea paralela desde el este, lo que llevó a los dos bandos a disparar intensamente sobre las posiciones del otro. A las 7 de la tarde, ambos bandos habían sufrido bajas significativas, y quedó claro para el almirante Scheer que la posición de la Royal Navy bloqueaba a los barcos alemanes desde la costa alemana, lo que significaba que los británicos habían cortado su posible vía de escape.

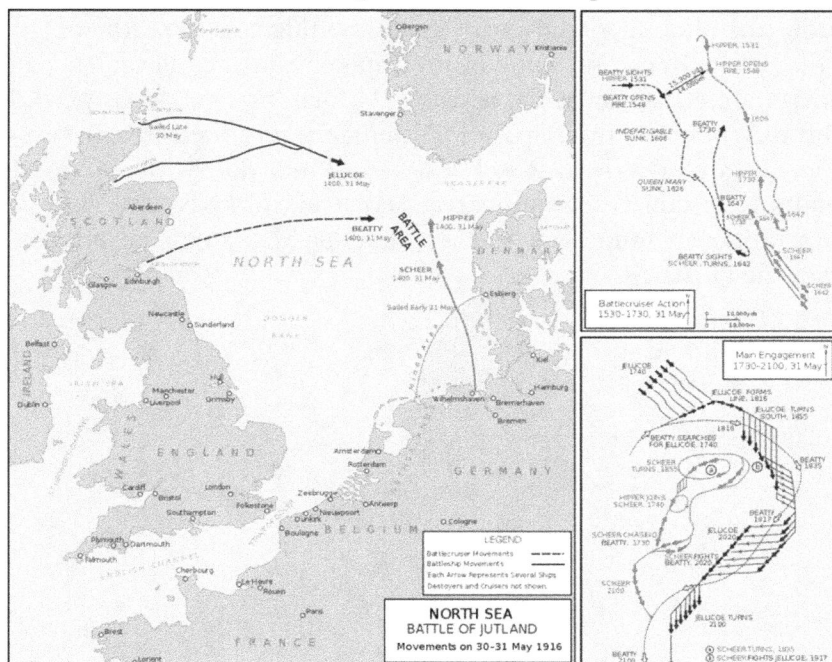

Batalla de Jutlandia

En un último movimiento desesperado para doblegar a los británicos, Scheer ordenó un ataque frontal completo con sus cruceros, un movimiento inaudito porque daba una enorme ventaja a los británicos, que podían disparar tranquilamente a los alemanes que se acercaban. Sin embargo, como el almirante Jellicoe también había sufrido muchos daños, temió que los alemanes arrollaran a su flota. Ordenó a la Royal Navy que diera media vuelta y se alejara del ataque. Si Jellicoe hubiera sopesado correctamente el peligro que suponían las fuerzas alemanas para sus posiciones, se habría mantenido firme y habría destruido completamente a los alemanes. Pero tras horas de lucha y en total oscuridad, era difícil suponer de lo que eran capaces los alemanes, y el almirante Jellicoe actuó en consecuencia, salvando lo que quedaba de sus fuerzas.

La batalla de Jutlandia fue la mayor batalla naval de la historia hasta ese momento. Al final de la batalla, ambos bandos se atribuyeron la victoria, aunque, en realidad, los resultados fueron indecisos. Los alemanes consiguieron infligir más pérdidas a los británicos, pero no pudieron capitalizarlas y llevar a cabo eficazmente sus objetivos previstos. Al final, a pesar de las pérdidas sufridas por los británicos, los alemanes no fueron capaces de socavar la fuerza de la Royal Navy en el mar del Norte, ya que los buques británicos continuaron con el bloqueo y siguieron superando en número a la Flota de Alta Mar alemana durante el resto de la guerra.

Capítulo Doce - Rusia fuera, Estados Unidos dentro

Este capítulo se centrará en dos de los acontecimientos no militares más importantes de la Primera Guerra Mundial: la Revolución rusa y la posterior salida de Rusia de la guerra, y los acontecimientos que provocaron la entrada de Estados Unidos en la guerra del lado de los Aliados. Estos acontecimientos cambiaron significativamente el rumbo de la guerra y afectaron a su resultado final. Aunque ocurrieron de forma paralela, primero examinaremos cómo el descontento masivo en Rusia desembocó en una revolución socialista y después centraremos nuestra atención en el telegrama fatal de Alemania que hizo que Estados Unidos rompiera su neutralidad.

La Revolución de febrero

El año 1917 resultó trascendental para Rusia. Los acontecimientos de 1917 no solo cambiaron para siempre el rumbo del país, sino que también tuvieron consecuencias duraderas que afectaron al resto del mundo durante décadas. Por supuesto, no podemos abarcar todo el alcance político y social de la Revolución rusa; en su lugar, nos centraremos en cómo la participación de Rusia en la Gran Guerra influyó en los acontecimientos de 1917.

Cuando estalló la Primera Guerra Mundial en 1914, Rusia se vio envuelta, como cualquier otra nación, en un fervor nacionalista.

Personas de todas las clases manifestaban su firme apoyo al esfuerzo bélico y estaban dispuestas a demostrar su patriotismo. Debido a esto, muchos pasaron por alto las penurias económicas y sociales con las que el país había estado luchando durante las últimas décadas, lo que dio al zar y a su régimen la esperanza de que el público ruso adoptaría una postura más monárquica si lograban el éxito en la guerra. Y pudieron ver algunos resultados favorables en este sentido cuando el ejército ruso logró victorias en Galitzia y el Cáucaso.

Sin embargo, a finales de 1916, las cosas no iban bien para Rusia. Después de dos años, con una cifra estimada de cinco millones de bajas, el ejército ruso perdía cada vez más hombres tras el éxito parcial de la ofensiva Brusilov. La prolongación de la guerra tuvo efectos perjudiciales no solo para la moral de los soldados, que se amotinaban una y otra vez y desertaban en múltiples ocasiones, sino también para la economía rusa, que aún no había alcanzado niveles de industrialización similares a los de otras grandes potencias durante la guerra. Esto significaba que Rusia no podía mantener el esfuerzo bélico en una escala y calidad similares a las de sus enemigos. Además, la incompetencia del gobierno para encontrar soluciones en tiempos de guerra provocó un gran descontento entre la población.

La crisis desembocó finalmente en una serie de protestas a finales de febrero de 1917 en San Petersburgo. El público se echó a la calle, protestando por la insuficiencia del régimen del zar, así como por las nuevas leyes de racionamiento de alimentos que habían entrado en vigor un par de días antes. Durante la semana siguiente, el número de manifestantes aumentó. El gobierno empezó a temer que las manifestaciones se convirtieran en algo mayor. En ese momento, el zar Nicolás II no estaba presente en San Petersburgo, ya que había llegado al frente del Cáucaso para dirigir personalmente a las fuerzas rusas contra los otomanos. Esto enfureció aún más a los manifestantes, que veían al zar como un traidor, que abandonaba al pueblo luchador en busca de algo de gloria en la guerra.

Del 21 al 28 de febrero, las protestas se convirtieron poco a poco en enfrentamientos armados con la policía de la ciudad, pero al final de la semana, incluso la guarnición de la ciudad se había unido a los manifestantes, negándose a ejecutar las órdenes del alto mando. El zar Nicolás se vio obligado a regresar a la capital tras enterarse de los acontecimientos ocurridos, pero todo fue en vano. Nicolás II no encontró suficientes apoyos y se vio obligado a abdicar tres días después, el 3 de marzo, nombrando a su hermano, el gran duque Miguel Aleksándrovich, para ocupar su lugar. Su hermano declinó la oferta. Esto marcó el fin de la dinastía Romanov. Como resultado, se estableció un gobierno provisional para dirigir el país durante la crisis.

Paz, tierra y pan

Sin embargo, este no fue el final de los problemas de Rusia, ni de la revolución. El gobierno provisional no tuvo tiempo de ocuparse de los problemas inmediatos del pueblo ruso, ya que había un tesoro vacío y recursos limitados. Además, las tropas rusas, que habían sufrido derrota tras derrota y habían estado mal abastecidas durante meses, perdieron prácticamente toda motivación para luchar tras conocer la situación en su país. Debido al cambio de liderazgo en San Petersburgo, la cadena de mando del ejército se había distorsionado, y los soldados estaban confusos sobre qué hacer. Miles de soldados desertaban cada semana. Aun así, el gobierno provisional insistió en continuar con el esfuerzo bélico y no pudo implementar ningún cambio sustancial para la descontenta población. Esto provocó otra serie de protestas masivas a lo largo del verano. Los manifestantes fueron tratados con violencia.

A raíz de todo esto, algunas organizaciones políticas reconocieron la oportunidad de influir en los acontecimientos. Entre ellas estaba el Partido Bolchevique, que consiguió ganar mucha tracción. El Partido Bolchevique era un partido de extrema izquierda liderado por Vladimir Lenin, el cual hacía hincapié en la necesidad de una revolución social y en el triunfo del proletariado de clase baja sobre la burguesía corrupta. Motivando a los soviets locales (grupos de la sociedad civil donde la gente de las clases bajas se reunía para discutir y evaluar la política rusa) con su pegadizo eslogan de «paz, tierra y pan», los bolcheviques instaron a los rusos a rebelarse. En octubre de 1917, la opinión pública se sumió de nuevo en un gran revuelo, apoyó a Lenin y a su movimiento, y volvió a salir a las calles.

Estas manifestaciones fueron mucho más brutales, con manifestantes armados y la policía enfrentándose violentamente durante días. Al final, los bolcheviques triunfaron. Los manifestantes lograron asaltar el Palacio Blanco de San Petersburgo, arrestar a los miembros del gobierno provisional y declarar a Rusia Estado socialista dirigido por los bolcheviques.

De repente, los bolcheviques obtuvieron la autoridad para gobernar Rusia e influir en sus decisiones de política interior y exterior. Una de las primeras cosas que hizo el nuevo gobierno fue negociar por separado un tratado de paz con los alemanes —el Tratado de Brest-Litovsk— que marcó el fin de la participación rusa en la Primera Guerra Mundial. Dando prioridad a la paz para complacer al disgustado público, Lenin y su gobierno aprobaron el Decreto de Paz casi de inmediato. Rusia y las Potencias Centrales acordaron un armisticio en diciembre.

Tras dos meses de negociaciones en la ciudad de Brest-Litovsk, controlada por los alemanes, ambas partes, con la presencia de delegaciones alemanas, austrohúngaras, búlgaras, otomanas y rusas, acordaron los términos del tratado de paz a principios de marzo de 1918. Rusia se vio obligada a ceder el control de Lituania, Letonia, Estonia, Ucrania, Bielorrusia y Finlandia, que eran la mayor parte de sus posesiones europeas. Además, devolvió las provincias ganadas a Turquía durante la guerra de 1878, y las tres naciones caucásicas de Georgia, Armenia y Azerbaiyán declararon su independencia y formaron la República Federativa Democrática Transcaucásica. Además de las pérdidas territoriales, Rusia también prometió pagar reparaciones de guerra a Alemania, que ascenderían a seis mil millones de marcos alemanes.

Así de fácil, en el lapso de dos revoluciones, Rusia estaba fuera de la guerra. Fue una victoria masiva para las Potencias Centrales, ya que la salida de Rusia liberó a las fuerzas del frente oriental. Alemania había incitado en gran medida la Revolución rusa al permitir que Vladimir Lenin, que se encontraba en Suiza en 1917, atravesara sus territorios para llegar a San Petersburgo y liderar el movimiento revolucionario. Al final, Rusia se quedó con las manos vacías, mientras que las Potencias Centrales habían obtenido claramente una gran ventaja.

Sin embargo, como pronto veremos, las Potencias Centrales no pudieron sacar provecho de los resultados de la Revolución rusa, ya que los Aliados consiguieron poner de su lado a un nuevo aliado, lo que alteró una vez más el equilibrio de poder.

El telegrama Zimmermann

Apenas hemos mencionado a Estados Unidos en este libro. Esto se debe en gran parte al hecho de que la participación estadounidense en la Primera Guerra Mundial no fue muy destacada o impactante durante los dos primeros años de la guerra. El gobierno estadounidense siguió el aislacionismo, que había caracterizado la política exterior estadounidense desde principios del siglo XIX. Además, debido a la ausencia de una gran amenaza inminente en Norteamérica, el ejército estadounidense era significativamente menor que el de sus homólogos europeos, con unos 400.000 efectivos en activo frente a, por ejemplo, unos 4 millones de soldados británicos. Sin embargo, Estados Unidos seguía contribuyendo en gran medida al esfuerzo bélico aliado, suministrando a Gran Bretaña y Francia todo tipo de bienes, incluidas armas y municiones. A pesar de ello, al principio de la guerra, Estados Unidos no consideraba a Alemania precisamente hostil, ya que mantenía una relación cordial con el Reich desde la unificación alemana en 1871. Además, Estados Unidos contaba con una importante diáspora alemana.

Así pues, Estados Unidos, con el presidente Woodrow Wilson a la cabeza, intentó desempeñar el papel de intermediario entre los Aliados y las Potencias Centrales, ofreciéndose a dirigir las negociaciones de paz en múltiples ocasiones. Al principio de la guerra, ninguno de los dos bandos consideraba que las negociaciones de paz fueran posibles, y mucho menos necesarias, ya que ambos creían tener la sartén por el mango. Pero a medida que la guerra se prolongaba y millones de personas morían, los beligerantes pensaron en detener la guerra y resolver el conflicto diplomáticamente.

Por ejemplo, tras las conversaciones mantenidas con ambos bandos en diciembre de 1916, Wilson propuso a las naciones beligerantes una «paz sin victoria», algo que el bando británico, por primera vez desde el comienzo de la guerra, consideró favorable. Es probable que los franceses también hubieran sido persuadidos si los británicos y los estadounidenses hubieran presionado a favor de tal resolución. Los austrohúngaros probablemente habrían estado de acuerdo, ya que la guerra había sido la más aplastante para la monarquía dual. Sin embargo, ser los primeros en pedir la paz se consideraría una derrota política y una muestra de debilidad. El presidente Wilson no tardó en desistir de su empeño.

Técnicamente, Alemania «quería» la paz, pero las condiciones presentadas por los alemanes en enero de 1917 eran absurdas, algo parecido a los ultimátums austriacos a Serbia en 1914. Aceptarlas habría significado prácticamente la cesión al Reich de la Francia y la Bélgica ocupadas por Alemania, algo que los Aliados nunca habrían aceptado en primer lugar.

La situación cambió radicalmente después de que Alemania decidiera llevar a cabo una guerra submarina sin restricciones en enero, antes de declararla al resto del mundo el 1 de febrero. Alemania se otorgó a sí misma la capacidad de interferir y enfrentarse a cualquier barco extranjero que entrara en el mar del Norte, al tiempo que advertía a los países de que evacuaran a sus civiles. Fue quizás una medida demasiado confiada por parte del Reich, ya que restringía no solo el movimiento de los barcos aliados, sino también el de los mercantes estadounidenses. Dos días después, los estadounidenses cortaron sus relaciones diplomáticas con Alemania y decidieron reforzar y armar a todos los barcos que se dispusieran a comerciar con Gran Bretaña y Francia. Sin embargo, a pesar de la guerra submarina sin restricciones, los alemanes tuvieron la prudencia de no atacar a ningún barco estadounidense que pasara por allí, sabiendo que ello crearía un sentimiento público antialemán en Estados Unidos y supondría un riesgo de guerra.

A pesar de esto, el alto mando alemán hizo otro movimiento desconsiderado que levantó el sentimiento antialemán en Estados Unidos. El 24 de febrero, el presidente Woodrow Wilson recibió un telegrama descodificado interceptado por la inteligencia británica. El infame mensaje, que ha llegado a conocerse como el «telegrama Zimmermann», iba dirigido al recién elegido presidente mexicano Venustiano Carranza por el secretario de Asuntos Exteriores alemán Arthur Zimmermann. Zimmermann proponía el apoyo alemán a México contra Estados Unidos si los norteamericanos entraban en guerra contra Alemania, algo que era una sólida posibilidad debido al reciente aumento de las tensiones entre ambos países. En caso de victoria, Zimmermann prometió a Carranza la devolución de los territorios que México había perdido durante la guerra mexicano-estadounidense, es decir, los estados norteamericanos de Arizona, Nuevo México y Texas. Para EE. UU., esta propuesta era una clara señal de que Alemania era una nación hostil, especialmente si se tenía en cuenta que EE. UU. tampoco estaba en términos amistosos con México.

Tras varios días de reflexión, el telegrama se publicó en la prensa, y la respuesta pública que siguió fue la que Alemania había temido todo el tiempo. Toda la nación había cambiado de opinión respecto a la guerra, y la mayoría pedía la entrada de Estados Unidos en la contienda. Al ver que la situación se agravaba, México se negó rápidamente a emprender cualquier tipo de acción militar contra Estados Unidos, mientras que Alemania recurrió a aumentar sus ataques submarinos, dándose cuenta de que había enfurecido a Estados Unidos más allá del punto de inflexión. Durante todo el mes de marzo, el presidente Wilson observó el desarrollo de la situación y convocó una sesión conjunta del Congreso el 2 de abril para discutir la entrada de Estados Unidos en la guerra contra Alemania. En su discurso, el presidente se refirió a la perspectiva de la participación estadounidense como una necesidad muy poco deseada y subrayó que las acciones alemanas habían obligado a Estados Unidos a actuar con decisión.

Cuatro días después, el 6 de abril de 1917, Estados Unidos entró en la guerra del lado de los Aliados, aunque solo declaró la guerra a Alemania y no a todas las Potencias Centrales.

Cuarta parte - El final de la guerra

Capítulo Trece - La última oportunidad para Alemania

Este capítulo se centrará en la ofensiva de primavera alemana de marzo de 1918 y en los acontecimientos que la precedieron, incluida la ofensiva de Nivelle en el frente occidental. Analizaremos estos acontecimientos y pintaremos un cuadro de la Primera Guerra Mundial en su año final y más decisivo, en el que una serie de errores de juicio y sorpresas influyeron enormemente en el resultado final de la guerra.

Los Aliados fracasan de nuevo

La entrada de Estados Unidos en la guerra dio a los Aliados nuevas esperanzas y el impulso necesario para continuar la lucha, especialmente en el frente occidental. Cuando Estados Unidos envió sus divisiones a Francia para reforzar los esfuerzos aliados, Gran Bretaña, Francia e Italia sabían que solo sería cuestión de tiempo que Rusia se viera obligada a rendirse o a abandonar el frente oriental. Así pues, los Aliados consideraron cruciales los meses siguientes a abril de 1917, pues creían que solo un avance repentino de las posiciones alemanas en el frente occidental garantizaría su victoria. Si los Aliados no salían triunfantes, Alemania y Austria-Hungría tendrían tiempo de transferir sus divisiones orientales al frente occidental, reforzando sus defensas y dando a las Potencias Centrales superioridad numérica.

El plan de ataque fue elaborado antes de abril por el nuevo comandante de las fuerzas francesas, Robert Nivelle. Preveía una ruptura combinada franco-británica de las defensas alemanas en Champaña y la captura del pivote Chemin des Dames por las fuerzas francesas, mientras las divisiones británicas se enfrentaban simultáneamente en Arras para intentar ganar el terreno elevado y obligar al enemigo a retirarse.

El plan, como siempre, parecía sólido y cohesionado; sin embargo, al igual que en el pasado, los oficiales se mostraron excesivamente optimistas y se negaron a tener en cuenta todas las variables. Lo más importante era que la mayor parte del ejército francés estaba completamente agotado después de luchar encarnizadamente en Verdún durante meses. A diferencia de la mayor parte de 1915, cuando las fuerzas recién atrincheradas rara vez emprendían ofensivas frontales completas, los soldados no tenían tiempo para descansar entre las operaciones defensivas y ofensivas. Así pues, la ofensiva de Nivelle fue una apuesta arriesgada. Si el plan no funcionaba como estaba previsto, la baja moral de los soldados franceses podía provocar un desastre.

Al final, el plan tuvo un éxito parcial. Se lanzó a principios de abril de 1917, con los alemanes al tanto de los objetivos generales de los Aliados. Los británicos tuvieron más éxito en Arras que los franceses en el Aisne. El ataque británico cogió desprevenidos a los alemanes, infligiéndoles muchas bajas y obligándolos a retroceder. En la batalla, el cuerpo canadiense logró heroicamente la victoria en la cresta de Vimy, lo que dio a las fuerzas británicas una enorme ventaja, ya que pudieron derrotar a los alemanes. Los franceses, por su parte, a pesar de llevar a cabo el plan lo mejor posible y alcanzar parcialmente los objetivos previstos, sufrieron más pérdidas de las que Nivelle había planeado: unas 135.000 bajas en total, 30.000 de ellas mortales.

A finales de abril, los esfuerzos aliados habían tenido un gran éxito, pero para asegurar una victoria decisiva era necesario luchar sin descanso. El 3 de mayo, en un giro desafortunado para el comandante Nivelle, la 21ª División francesa, a la que se había ordenado pasar a la ofensiva, se negó a cumplir sus órdenes. El ejército francés se amotinó en masa, y la mayoría de las tropas se negaron a atacar debido al agotamiento y a la escasez de suministros. Unos veinte mil soldados desertaron en mayo.

La ofensiva de primavera

El resto de 1917 transcurrió favorablemente para las Potencias Centrales. Paralelamente al fracaso de los Aliados para lograr el éxito en el frente occidental, la Revolución rusa había dejado efectivamente a Rusia fuera de la guerra a finales de 1917. El alto mando alemán era optimista. Creía que, para asegurar la victoria, Alemania solo tenía que resistir en el frente occidental el mayor tiempo posible, dando a las divisiones orientales tiempo suficiente para unirse y lanzar un asalto final contra las posiciones aliadas en Francia. Las esperanzas alemanas eran especialmente altas después de que los Aliados no pudieran romper la Línea Hindenburg, una línea de defensas alemanas extremadamente bien organizada. Había sido organizada por el propio general Paul von Hindenburg tras la ofensiva de Nivelle.

Viendo que el grueso de las fuerzas estadounidenses aún estaba en camino y que la moral francesa era baja, el general Erich Ludendorff elaboró planes para la ofensiva, que debía lograr una victoria alemana decisiva dividiendo a las fuerzas aliadas en el frente occidental. La ofensiva de primavera preveía un rápido asalto a las posiciones aliadas mientras los alemanes aún tenían superioridad numérica, gracias a sus refuerzos procedentes del frente oriental. El alto mando alemán ordenó asaltar cinco puntos aliados diferentes para separar al enemigo.

El 21 de marzo de 1918, Alemania inició su avance, utilizando un método completamente nuevo para superar las defensas aliadas. La nueva táctica Hutier, llamada así por el general alemán Oskar von Hutier, consistía en que grupos de tropas más pequeños y mejor entrenados eludían los puntos más fuertemente defendidos para lograr la victoria en los puntos más débiles, principalmente las zonas encargadas de la logística o las comunicaciones. Después de que estas tropas se infiltraran en los puntos, el cuerpo principal de infantería, con el apoyo del fuego de artillería, arrollaba las posiciones aliadas. La táctica Hutier era fundamentalmente diferente de todo lo que cualquiera de los dos bandos había hecho antes, ya que las fuerzas se centrarían en debilitar las defensas enemigas con descargas de artillería antes de intentar cruzar tierra de nadie con todo lo que tenían. Al final, la táctica tuvo mucho éxito. Los Aliados no pudieron encontrar una respuesta eficaz, lo que les causó muchas bajas en los primeros días de lucha. Los alemanes lograron avances significativos de unas cuarenta millas en las posiciones aliadas y empezaron a acercarse a París.

Artillería alemana durante la ofensiva de primavera
https://commons.wikimedia.org/wiki/File:The_German_Spring_Offensive,_March-july_1918_Q8629.jpg

Sin embargo, estos asaltos rápidos y a menor escala hicieron que el grueso de las fuerzas alemanas, con su artillería de movimientos más lentos, tardara más tiempo en seguirlos y acabar con la resistencia. Así, a pesar de su ventajosa posición, los alemanes no pudieron capitalizar sus avances y se vieron obligados a detener la ofensiva poco después de su lanzamiento. Tras un mes de sufrir numerosas bajas, los aliados comenzaron a tomar represalias, consolidando sus fuerzas. Se sintieron aún más motivados para luchar tras la creciente llegada de tropas estadounidenses.

En julio de 1918, en un esfuerzo desesperado por abrirse paso, los alemanes iniciaron la segunda batalla del Marne, con la esperanza de explotar al máximo su superioridad numérica. Pero sus esfuerzos se vieron frustrados, ya que se enfrentaron a los refuerzos de las Fuerzas Expedicionarias Estadounidenses, que los disuadieron de continuar el ataque. De este modo, la ofensiva de primavera, aunque logró cierto éxito inicial, se detuvo efectivamente en el verano de 1918. A lo largo de la campaña, Alemania perdió unos 600.000 hombres, mientras que las bajas combinadas de los Aliados superaron las 800.000.

Capítulo Catorce - La caída de las Potencias Centrales

La ofensiva de primavera fue el último gran intento de las Potencias Centrales por lograr una victoria decisiva y doblegar a los Aliados. Dado que los objetivos de la ofensiva no se alcanzaron, los Aliados se dieron cuenta de que el impulso había vuelto a su favor en el frente occidental con la llegada de las AEF (Fuerzas Expedicionarias Estadounidenses, por sus siglas en inglés). Así pues, los Aliados atacaron simultáneamente el frente occidental y el frente otomano en una de las mayores campañas de la Primera Guerra Mundial. La ofensiva de los Cien Días produjo resultados notables y condujo finalmente a la victoria aliada en la guerra.

La caída de los otomanos

Los combates entre los Aliados y los otomanos nunca cesaron, a diferencia de lo que ocurrió en Europa. Debido al enorme tamaño del Imperio otomano, los Aliados pudieron atacar en diferentes lugares, lo que redujo las fuerzas turcas y limitó sus recursos y su cohesión. Con el tiempo, debido a los constantes enfrentamientos con los Aliados, que recibían refuerzos de sus territorios coloniales, el ejército otomano se agotó. La ventaja principal de los otomanos sobre los aliados era su superioridad numérica, pero estaban mucho menos avanzados tecnológicamente o disciplinados que los británicos o los franceses. Su falta de disciplina se puso de manifiesto a medida que avanzaban los combates. Tras sufrir humillantes derrotas durante la campaña de Galípoli, los Aliados tomaron represalias y doblegaron al Imperio otomano.

Los Aliados cosecharon sus mayores éxitos en la campaña del Sinaí y Palestina, que duró más de tres años, desde principios de 1915 hasta mediados de 1918. En el transcurso de la campaña, las Fuerzas Expedicionarias Egipcias (FEE) lograron una victoria tras otra, abriéndose paso a través de las tierras palestinas tras sufrir algunos reveses en la primera y segunda batallas de Gaza en la primavera de 1917. Los británicos lograron entonces una victoria en la crucial batalla de Mughar Ridge en noviembre de 1917, ya que pudieron salir del estancamiento que se había producido tras sus derrotas en Gaza. Viendo la baja moral de las tropas otomanas, empujaron hacia el norte, capturando la ciudad de Jerusalén en diciembre. Tomar el control de Jerusalén, que tenía una inmensa importancia simbólica, fue un momento tranquilizador para los Aliados y un precursor de su éxito posterior.

A principios de 1918, para reforzar el frente occidental contra la ofensiva de primavera alemana, muchos de los soldados de la EEF fueron enviados directamente desde las líneas del frente otomano, lo que provocó que los esfuerzos aliados se ralentizaran un poco. Sin embargo, gracias a las inmensas posesiones coloniales británicas, pudo transferir rápidamente cuerpos indios para llenar las filas de la EEF y disuadir a los otomanos de lanzar una contraofensiva. Tras reentrenar y hacer descansar a sus soldados en verano, el alto mando británico empezó a organizar un nuevo plan de ataque para romper el grueso de las defensas otomanas en Palestina y hacerlas retroceder hasta Anatolia. En septiembre, los Aliados prosiguieron sus operaciones, aplastando a los otomanos en la crucial batalla de Megido. Solo 6.000 de los 35.000 soldados turcos escaparon a la captura.

A la victoria de Megido siguió otra serie de victorias aliadas. En las subsiguientes batallas de Tulkarm y Nablus, los otomanos perdieron su cuartel general militar y, por tanto, gran parte de su capacidad para continuar un esfuerzo bélico eficaz en Oriente Próximo. Los Aliados se acercaron desde todas las direcciones, cosechando éxitos en Mesopotamia y Transjordania. Uno de los últimos momentos decisivos de la campaña del Sinaí y Palestina fue la toma de Damasco el 30 de septiembre de 1918 por el 21º Cuerpo británico y el Cuerpo Montado del Desierto. Con Damasco y todo Oriente Próximo bajo control británico y los Aliados convergiendo lentamente sobre Anatolia y amenazando Estambul desde los Balcanes, los otomanos se dieron cuenta de que habían perdido la guerra.

La derrota del Imperio otomano se consumó con la firma del Armisticio de Mudros el 30 de octubre de 1918. Dado que la guerra se había desarrollado de forma desfavorable durante todo el año 1918, el gobierno otomano ocultó la noticia de sus derrotas en casa para no incitar a un público ya disgustado, que se había visto afectado masivamente por la guerra. El gran visir otomano Talaat Pasha visitó Alemania y Bulgaria en septiembre para informarse personalmente sobre los planes de las Potencias Centrales de seguir luchando, pero se marchó con las manos vacías. Sin ninguna esperanza, Talaat Pasha dimitió de su cargo a finales de octubre, instando a los demás miembros del gobierno a seguir su ejemplo, ya que creía que los Aliados los castigarían por llevar a cabo la guerra. Tres días después de su dimisión, Ahmed Izzet Pasha, que sustituyó a Talaat como gran visir, firmó un armisticio con el almirante británico Somerset Arthur Gough-Calthorpe a bordo del HMS *Agamemnon* británico.

Desde el principio, la entrada de los otomanos en la guerra fue una gran apuesta, basada en la esperanza de lograr victorias rápidas y motivada por los sentimientos irredentistas de la opinión pública. En realidad, el Imperio ono estaba en condiciones de hacer frente a las potencias europeas, ya que iba por detrás de ellas en todos los aspectos, lo que se puso claramente de manifiesto a lo largo de su estancia en la guerra. El Armisticio de Mudros supuso el fin del Imperio otomano. Los otomanos retiraron a sus soldados de todos los lugares, incluidos el Cáucaso, Oriente Próximo y los Balcanes, y se rindieron a los Aliados, que asumieron el control de la Anatolia otomana y ocuparon brevemente Estambul antes del final de la guerra. El armisticio fue seguido posteriormente por el Tratado de Sèvres, que tuvo efectos aún más perjudiciales para los otomanos.

La campaña del Sinaí y Palestina fue una demostración histórica de la actuación conjunta de las fuerzas coloniales británicas. La cooperación entre las tropas egipcias, indias, australianas, neozelandesas y canadienses dio la victoria a Gran Bretaña y a los Aliados. En Gran Bretaña, el público no era consciente de la importancia de la campaña, ya que la mayor parte de su atención se centraba en el frente occidental. Sin embargo, el gobierno británico no tardó en darse cuenta del verdadero alcance y la importancia de la campaña, y elogió a las tropas coloniales por su valentía y su contribución al esfuerzo bélico.

La ofensiva de los Cien Días

Mientras tanto, la situación se volvía tensa en el frente occidental, donde los Aliados habían recibido por fin al grueso de las Fuerzas Expedicionarias Estadounidenses y tenían grandes esperanzas de acabar de una vez por todas con la guerra. Lo que sobrevino a finales del verano de 1918 se conoce como la ofensiva de los Cien Días, que fue quizás la campaña más importante de la Primera Guerra Mundial. Ideada por el comandante en jefe supremo aliado, el francés Ferdinand Foch, preveía retomar las riendas de los Aliados tras la fallida ofensiva de primavera alemana y romper la infame Línea Hindenburg, fuertemente defendida por los alemanes.

Así, los Aliados se pusieron manos a la obra, iniciando la batalla de Amiens el 8 de agosto de 1918. En la batalla, el 4º Ejército británico lideró el ataque, apoyado por diez divisiones aliadas, incluidas tropas de las colonias y de Estados Unidos. Las fuerzas preliminares británicas fueron capaces de asestar un golpe significativo a la línea alemana, y su ataque fue seguido por refuerzos de tanques.

El elemento sorpresa desempeñó un papel fundamental en el éxito de los Aliados, que habían pasado de intentar ablandar las defensas enemigas con largas andanadas de artillería a ataques rápidos y concentrados. En un solo día, consiguieron infligir unas 30.000 bajas a los alemanes, que se vieron obligados a retirarse, sorprendidos por el ataque aliado. Al final de la batalla, los Aliados habían ganado un terreno considerable, penetrando en las posiciones alemanas al sur del Somme.

A los acontecimientos de Amiens siguió rápidamente la batalla de Alberto, el 21 de agosto, iniciada por el 3º Ejército británico. Aunque de menor envergadura, los esfuerzos aliados tuvieron éxito, creando otra brecha en las posiciones alemanas, que fue rápidamente aprovechada por el 4º Ejército, recién victorioso. Los soldados entraron por el flanco y derrotaron a los alemanes, que se vieron obligados de nuevo a retirarse.

La ofensiva de los Cien Días
https://commons.wikimedia.org/wiki/File:Western_front_1918_allied.jpg

Tras estos avances y la implacable presión de los Aliados sobre sus posiciones, el alto mando alemán pareció, por primera vez, pesimista sobre la continuación del esfuerzo bélico. El 2 de septiembre, el general Ludendorff ordenó a todas las fuerzas alemanas retroceder hasta la Línea Hindenburg, renunciando a cualquier avance que los alemanes hubieran logrado durante la ofensiva de primavera. De hecho, Ludendorff fue uno de los primeros en reconocer la inminente ruina del ejército alemán e intentó instar al káiser a entablar negociaciones de paz. Con casi 100.000 soldados hechos prisioneros desde el inicio de la ofensiva aliada, Ludendorff consultó con otros altos cargos alemanes, así como con el alto mando austrohúngaro, sobre el estado de la guerra. Quizás era demasiado tarde, ya que las respuestas de ambos eran cada vez más sombrías. Austria-Hungría incluso respondió diciendo que solo podían permitirse seguir luchando a finales de noviembre. El pesimismo se manifestó al cabo de unas dos semanas, cuando el emperador Carlos I de Austria intentó enviar una carta a los Aliados para expresar su deseo de negociar la paz y evitar así una catástrofe total. Un día después, los alemanes también hicieron lo propio, ofreciendo un acuerdo de paz por separado a Bélgica. Sin embargo, los Aliados se dieron cuenta de su cómoda situación y de su ventajosa posición en la guerra, y declinaron ambas ofertas.

Lo que siguió fue la aniquilación total de las tropas alemanas restantes por parte de las fuerzas aliadas en el frente occidental. El nivel de confianza de los Aliados alcanzó un máximo histórico, con miles de refuerzos estadounidenses que llegaban cada día a Francia y eran transportados directamente al frente. Además, Alemania había intentado pedir la paz. Todo lo positivo se acumulaba y daba una enorme inyección de moral a los soldados aliados. Los Aliados no levantaron el pie del acelerador tras sus victorias en Amiens y Albert, ejerciendo una presión continua sobre los alemanes y sin detener nunca sus ataques. Las fuerzas británicas lograron múltiples avances con la batalla de Mont Saint-Quentin el 31 de agosto, mientras que los soldados franceses y estadounidenses convergieron en la Línea Hindenburg en el sur.

Con el objetivo de cortar las líneas de suministro y comunicación alemanas, los franceses y el AEF iniciaron la ofensiva Mosa-Argonne el 26 de septiembre. Al mismo tiempo, el rey Alberto I de Bélgica comandaba un ejército unido belga, británico y francés en la batalla de Ypres, en Flandes, tratando de abrirse paso en dos posiciones diferentes. Ambos ataques tuvieron éxito, ya que los Aliados explotaron su superioridad numérica y abrumaron las posiciones alemanas. Tras asegurar los flancos norte y sur, los aliados se concentraron en el tramo central de la Línea Hindenburg. Reconociendo su ventaja, el 4º Ejército británico y el 1º Ejército francés se enfrentaron en Saint Quentin el 29 de septiembre y aplastaron a los alemanes, que se vieron obligados a retirarse y abandonar gran parte de su equipo. El 8 de octubre, la victoria de Saint Quentin fue seguida por otra victoria en Cambrai de los Ejércitos Británicos 1º y 3º, que fue la gota que colmó el vaso. La Línea Hindenburg había sido desbordada y el territorio alemán estaba expuesto.

Victoria en los Balcanes

Además de lograr el éxito en el frente occidental y en Oriente Próximo, los Aliados también fueron capaces de romper finalmente las defensas búlgaras en el teatro de los Balcanes. El estancamiento que se había producido tras los acontecimientos de la ofensiva de Salónica había llevado el conflicto en los Balcanes a un punto muerto casi total, algo que se parecía al estancamiento del frente occidental en 1915. Las Potencias Centrales no deseaban avanzar, ya que no tenían ningún objetivo valioso que tomar en los Balcanes tras la caída de Serbia, a pesar de que Grecia entró en la guerra del lado de los Aliados a mediados de 1917. Además, las Potencias Centrales carecían de recursos y prefirieron transferir tropas tras la derrota de Serbia a otras zonas de conflicto, especialmente a Rumanía, cuya efímera participación llegó a retener durante meses a un considerable ejército de las Potencias Centrales.

Tras meses de inactividad y combates a pequeña escala, las tropas Aliadas decidieron lanzar una ofensiva en septiembre de 1918, quizás motivadas por su éxito en otros teatros. La ofensiva del Vardar, lanzada el 15 de septiembre, tenía como principal objetivo arrollar las trincheras búlgaras en Macedonia. Los Aliados habían reconocido correctamente que los búlgaros habían agotado sus recursos tras años de lucha prolongada y creían que un avance sería lo suficientemente decisivo como para forzar el colapso completo de las fuerzas búlgaras.

Desde el comienzo de los ataques, fue evidente que los Aliados saldrían victoriosos, ya que sus bombardeos de artillería ablandaron significativamente las defensas búlgaras en las trincheras, lo que resultó en una victoria aliada relativamente fácil en Dobro Pole. Dos días después, otra fuerza aliada, formada por tropas francesas, británicas, serbias, griegas e italianas bajo el mando del general francés Louis d'Espèrey, logró otra victoria cerca del lago Doiran, que destrozó la moral de los búlgaros y los obligó a retirarse. Sin embargo, a diferencia de otros casos en los que los Aliados se mostraron reacios a aumentar su ventaja justo después de lograr victorias, d'Espèrey ordenó a sus tropas que persiguieran a los búlgaros que huían, algo que resultó ser extremadamente eficaz. Aunque para el 20 de septiembre el avance de los Aliados se había diluido un poco, los búlgaros no tenían prácticamente nada con lo que responderles.

La noticia de la derrota se extendió rápidamente en Bulgaria, así como al resto de las Potencias Centrales. Como todos los avances aliados fueron en gran medida simultáneos, se produjo un enorme efecto dominó. El Imperio otomano, por ejemplo, había sufrido derrotas en Oriente Próximo y desconfiaba cada vez más de los avances aliados en los Balcanes, que amenazaban la seguridad de Estambul. Bulgaria se vio envuelta en una protesta nacional que dio lugar a la Rebelión de Radomir, que culpaba a la monarquía de las recientes derrotas. El 29 de septiembre, los Aliados habían avanzado aún más, tomando Skopje y amenazando con rodear y capturar a las restantes fuerzas búlgaras.

Ese mismo día, la delegación búlgara, que ya había considerado imposible la continuación de la guerra, llegó a Salónica para reunirse con los Aliados y firmar un armisticio. Fue una nueva derrota para las Potencias Centrales, que ahora tenían su flanco sur y el corazón de los territorios de Austria-Hungría expuestos a los Aliados. La inestabilidad y la rebelión en Bulgaria obligaron al zar Fernando I a abdicar y exiliarse. Mientras tanto, los Aliados dividieron sus fuerzas para acercarse a Budapest y Estambul.

Capítulo Quince - El fin de la guerra

Con el Imperio otomano y Bulgaria obligados a firmar armisticios separados con los Aliados, el resto de las Potencias Centrales —Alemania y Austria-Hungría— sabían que sus días estaban contados. Además, los Aliados habían desbordado las defensas alemanas en la Línea Hindenburg y amenazaban con avanzar por el corazón de Alemania, mientras que los enfrentamientos austrohúngaros en el frente italiano habían producido un desastroso estancamiento y desmoralizado a los soldados austrohúngaros. Enfrentadas a una crisis tras otra, las Potencias Centrales se dieron cuenta de que habían perdido la guerra.

La rendición final

En octubre de 1918, toda Alemania sabía que la guerra estaba perdida. No había forma posible de que las Potencias Centrales pudieran recuperarse de sus pérdidas. El alto mando alemán se sintió humillado, ya que no podían terminar la guerra a su favor de forma efectiva, a pesar del éxito inicial que habían tenido en los dos primeros años de la guerra. En un movimiento desesperado, el mando naval alemán ordenó a la Flota de Alta Mar que librara una última batalla decisiva contra la Royal Navy británica, que había asfixiado a la primera en el mar del Norte y había afirmado claramente su dominio sobre los mares a lo largo de la guerra.

Sin embargo, tras recibir estas órdenes a finales de octubre, los marinos alemanes se negaron a abandonar los puertos para combatir, creyendo que la batalla no tendría ningún valor puesto que la guerra ya estaba perdida. La noticia de los motines de Wilhelmshaven y Kiel, el 29 de octubre y el 3 de noviembre, se extendió rápidamente por todo el país, desesperado y devastado por la guerra. Con el tiempo, se convirtió en algo mucho más grande que soldados desobedeciendo órdenes.

Los participantes en la revuelta de los marineros salieron a la calle, incitando protestas similares contra la guerra en toda Alemania. En Berlín, miles de personas protestaron contra la guerra, creyendo que sus vidas se habían visto negativamente afectadas por años de conflicto. Las cosas no pintaban bien para la monarquía y el gobierno, que decidieron proceder de forma algo pacífica al no intentar aplastar violentamente las revueltas. El 9 de noviembre de 1918, los manifestantes, encabezados por los líderes del Partido Socialdemócrata Alemán, proclamaron una república en lugar de la monarquía imperial, lo que obligó al káiser Guillermo II a huir del país y abdicar en las semanas siguientes. El príncipe Maximillian von Baden, canciller que había sido nombrado a principios de octubre, cedió su cargo a Friedrich Ebert. Los revolucionarios habían triunfado.

Manifestantes en Alemania durante la revolución
https://commons.wikimedia.org/wiki/File:Germany_at_the_End_of_the_First_World_War,_Including_Scenes_of_the_German_Revolution,_1918-1919._MH34191.jpg

La primera medida del nuevo gobierno fue pedir la paz. Las negociaciones de un posible armisticio y los términos de la paz ya se estaban discutiendo en octubre en Alemania y entre los Aliados, que confiaban en haber ganado. Dos días después del éxito de la revolución, la delegación alemana, encabezada por Matthias Erzberger, llegó al frente y se reunió con el alto mando aliado. Las dos partes empezaron a discutir las condiciones, aunque los alemanes no tenían nada con lo que negociar. El alto mando alemán había dejado claro que debía aceptar todos los términos del armisticio para detener inmediatamente los combates y evitar más bajas. El 11 de noviembre, los alemanes aceptaron los términos del armisticio presentados. Fue una demostración de humillación, ya que los alemanes se vieron obligados a desmovilizar su ejército, entregar todo su equipo militar y armas, y evacuar sus fuerzas de todos los lugares. Alemania estaba fuera de la guerra. Había sido derrotada y destrozada, pero aún tenía que esperar las últimas consecuencias.

Paralelamente a los acontecimientos de la revolución, el 3 de noviembre Austria-Hungría firmó otro armisticio con los italianos. Tras meses de estancamiento, la batalla decisiva que decidió el destino de la guerra fue la de Vittorio Veneto, en la que los italianos, apoyados por otras divisiones aliadas, lograron finalmente una victoria significativa, infligiendo más de 500.000 bajas a los austrohúngaros. Esto marcó el final de los combates en el frente italiano.

Los austrohúngaros, al igual que sus aliados alemanes, habían agotado todos sus recursos, y el precio de la guerra se había hecho evidente en la población. Pietro Badoglio y una delegación austrohúngara encabezada por el general Viktor von Webenau firmaron el armisticio en Villa Giusti, a las afueras de la pequeña ciudad de Padua, en el noreste de Italia. El armisticio entró en vigor al día siguiente. Austria-Hungría se vio obligada a retirarse a las fronteras anteriores a la guerra y evacuar todas sus tropas. Italia ocupó Innsbruck y Tirol del Norte con unos 20.000 hombres.

La Conferencia de Paz de París

Con los armisticios firmados por separado por las cuatro Potencias Centrales, la guerra por fin había terminado. En noviembre cesaron los combates en todos los frentes y los soldados de ambos bandos abandonaron sus posiciones. Cuando los países derrotados empezaron a cumplir los términos de los diferentes armisticios, las naciones aliadas se alegraron. Para Francia y Gran Bretaña, el exitoso final de la guerra supuso un suspiro de alivio muy necesario. Después de millones de muertos, diferentes ciudades y asentamientos destruidos, así como el paisaje destrozado por años de intenso fuego de artillería, los Aliados esperaban que su victoria hubiera merecido la pena. Así, para poner fin formalmente a la guerra, las naciones vencedoras organizaron una conferencia en París para iniciar negociaciones de paz con los países derrotados y decidir qué era lo siguiente para el mundo, que acababa de vivir el conflicto más sangriento de la historia hasta entonces.

En la posterior Conferencia de Paz de París, que comenzó en enero de 1919, representantes de treinta y dos naciones de todo el mundo se reunieron para crear un nuevo orden mundial, algo que recordaba mucho al Congreso de Viena tras la derrota de Napoleón. Aunque las negociaciones formales de paz durarían hasta 1923, el resultado de las conversaciones se basó en la Conferencia de Paz de París.

El inicio de la conferencia se paralizó hasta enero, principalmente por el primer ministro británico David Lloyd George, que quería esperar a los resultados de las elecciones nacionales antes de entablar negociaciones. Los «Cuatro Grandes» presidieron las negociaciones y habían acordado en gran medida el resultado mediante consultas privadas entre ellos. Los «Cuatro Grandes» estaban formados por Gran Bretaña, representada por una delegación encabezada por el primer ministro David Lloyd George; el presidente Woodrow Wilson de Estados Unidos, cuya desafortunada enfermedad hizo que Robert Lansing asumiera su cargo; el primer ministro Georges Clemenceau de Francia; y el primer ministro italiano Vittorio Emanuele Orlando. Japón, la otra gran potencia aliada, es a menudo excluido de los «Cuatro Grandes» por los historiadores, a pesar de que estuvo debidamente representado durante la conferencia y obtuvo beneficios favorables de las conversaciones.

También se reunieron representantes del Dominio Británico, incluidos Canadá, Australia, India, Sudáfrica y Nueva Zelanda, aunque se los consideró «partidarios» de las opiniones británicas y se les asignó el estatus de potencias menores debido a su gran contribución al esfuerzo bélico general. Estuvieron presentes delegaciones de los restantes beligerantes de la guerra, como Grecia y Rumania, mientras que los serbios estuvieron representados junto con los croatas y los eslovenos. Además de estas naciones, estuvieron presentes delegaciones de América del Sur y Central, así como de Asia. Por último, algunas delegaciones representaban a países que buscaban el reconocimiento internacional y la soberanía, como los países bálticos, Ucrania, el Cáucaso, etc. En definitiva, la Conferencia de Paz de París incluyó a casi todos los países soberanos existentes en el mundo, algo que subrayó aún más la importancia de la conferencia.

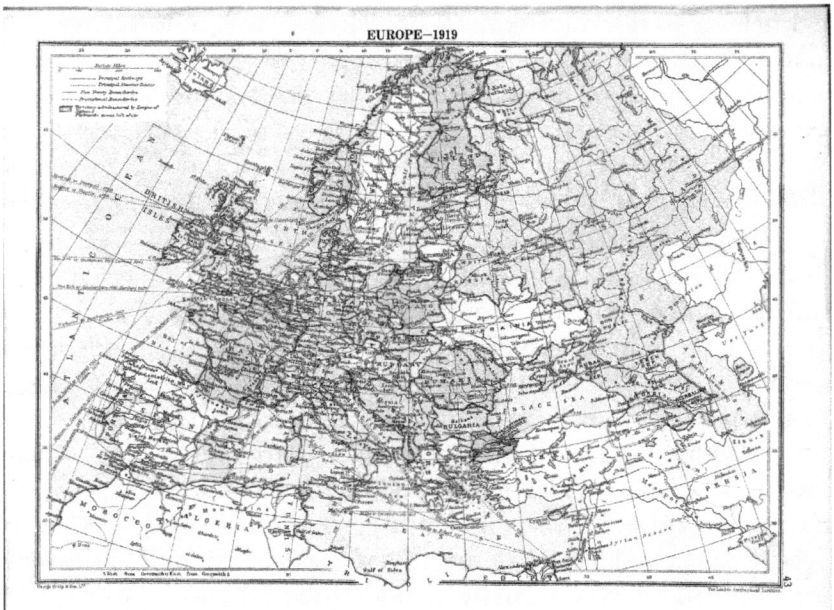

Europa despúes de la Conferencia de Paz de París
https://commons.wikimedia.org/wiki/File:Europe_map_1919.jpg

Como era de esperar, las negociaciones estuvieron dirigidas por las naciones vencedoras, que trataron de maximizar sus ganancias a la vez que debilitaban lo más posible a los beligerantes derrotados para evitar que estallara otra guerra de la misma escala y magnitud. En el transcurso de la conferencia se prepararon los cinco tratados de paz oficiales que firmarían los Aliados y los miembros de las

Potencias Centrales. Entre ellos se encontraban el infame Tratado de Versalles con Alemania, firmado el 28 de junio de 1919; los Tratados de Saint-Germain y Trianon, firmados por separado por las dos monarquías de Austria y Hungría el 10 de septiembre de 1919 y el 4 de junio de 1920, respectivamente; el Tratado de Neuilly con Bulgaria, firmado el 27 de noviembre de 1919; y, por último, el Tratado de Sèvres con el Imperio otomano el 10 de agosto de 1920, que sería sustituido por el Tratado de Lausana tres años más tarde.

Además de estos tratados, un resultado importante de la Conferencia de Paz de París fue la formación de la Sociedad de Naciones, la primera organización internacional que pretendía establecer y preservar la paz mundial. La creación de la Sociedad de Naciones estuvo influida en gran medida por los esfuerzos del presidente Woodrow Wilson por difundir lo que hoy se conoce como «idealismo wilsoniano», un enfoque de las relaciones internacionales que aboga por la desmilitarización, la cooperación y la resolución pacífica de los conflictos. El presidente Wilson había propagado la idea de la cooperación internacional desde su famoso discurso de los «Catorce puntos» de enero de 1918, en el que propuso los catorce términos que debían alcanzarse para una conclusión efectiva de la Primera Guerra Mundial. A lo largo de la Conferencia de Paz de París, las decisiones de Estados Unidos estuvieron en gran medida marcadas por este concepto, que preveía la creación de una comunidad internacional pacífica y la búsqueda de un plan de acción unido, basado en la amistad mutua y no en la rivalidad.

Secuelas

La Conferencia de Paz de París tuvo un inmenso impacto en el mundo, ya que decidió la vida de millones de personas. Los Aliados, que por fin habían logrado la victoria tras cuatro años de brutales combates y penurias tras penurias, se aseguraron de hacer valer su privilegio como vencedores. De los cinco tratados que se acordaron en la conferencia, el Tratado de Versalles fue sin duda el más duro y tuvo enormes implicaciones para las décadas venideras. Se firmó en el Palacio de Versalles casi cincuenta años después de la creación formal del Imperio alemán.

Los Aliados hicieron sufrir más a Alemania que a ninguna otra de las naciones derrotadas. Según los humillantes términos del acuerdo, Alemania aceptó asumir toda la culpa por haber causado la Primera Guerra Mundial, así como los consiguientes daños y pérdidas de vidas que se habían producido durante el conflicto. En él se señalaba claramente a Alemania como el principal agresor de la guerra. Los Aliados también obligaron a Alemania a firmar la completa desmovilización y disolución de su ejército. Además, Alemania tuvo que hacer importantes concesiones territoriales, renunciando a cerca del 10% de sus territorios europeos y a todas sus colonias de ultramar, que se repartieron rápidamente entre Gran Bretaña, Francia y Japón. Alemania también se vio obligada a pagar una cantidad absurda en concepto de reparaciones de guerra por los daños que había causado a las naciones aliadas. el total ascendió a unos 132.000 millones de marcos alemanes, lo que equivale a unos 270.000 millones de dólares estadounidenses en la actualidad.

Todas estas medidas se tomaron para asegurarse de que Alemania no volviera a sublevarse y disputar la superioridad de las grandes potencias en el continente. Los franceses fueron excepcionalmente duros con los alemanes, ya que tenían cuentas personales que saldar con ellos. Recuperaron el control de las provincias de Alsacia y Lorena que habían perdido en 1871.

En conjunto, el Tratado de Versalles tuvo un efecto devastador en Alemania. La economía estaba en ruinas tras la guerra, y la enorme deuda nacional e internacional dejaba poco margen para mejorar la situación. La recién creada República de Weimar —nombre adoptado temporalmente por Alemania tras la revolución— no tenía forma de hacer frente a los problemas que surgieron tras la Conferencia de Paz de París. El papel internacional de Alemania se vio reducido hasta límites insospechados y, para garantizar su pacificación, los Aliados ocuparon Renania durante los quince años siguientes, con presencia de tropas en todo momento.

La población alemana había perdido toda esperanza de represalias y se enfrentaba a la pobreza extrema, el hambre y unas duras condiciones de vida. Esto, a su vez, incitó un sentimiento de odio hacia los Aliados, algo que finalmente sería explotado en la década de 1930 por el Partido Nazi y el ascenso de Hitler. La humillación de Alemania hizo posible que, con el paso del tiempo, los movimientos nacionalistas radicales cobraran protagonismo en el país, con un número cada vez mayor de personas molestas por el hecho de que sus enemigos los culparan de toda la guerra. Habría sido interesante ver cómo habría evolucionado Alemania si la comunidad internacional la hubiera ayudado realmente a recuperarse en lugar de castigarla en exceso después de la guerra.

El Imperio alemán no fue el único que vio resultados desastrosos tras la guerra. Austria-Hungría, como entidad política única, se disolvió, y en las tierras anteriormente controladas por la monarquía dual se establecieron nuevos Estados-nación democráticos. Algunas partes fueron absorbidas por Italia, como habían prometido los Aliados. Con la disolución de Austria-Hungría, el panorama político de Europa quedó completamente alterado y surgió una nueva dinámica de poder. Todas las naciones que antes habían estado bajo el control de los Habsburgo alcanzaron finalmente la libertad y su soberanía fue reconocida internacionalmente, lo que dio a estos jóvenes estados nuevas esperanzas y aspiraciones que perseguir. Entre las naciones recién formadas estaban Polonia (por primera vez en más de un siglo), Ucrania, Bielorrusia, Checoslovaquia, los estados separados de Austria y Hungría, así como un nuevo estado yugoslavo, que había estado habitado predominantemente por serbios, croatas y eslovenos.

También supuso el fin del Imperio otomano, que quedó reducido únicamente a sus territorios de Anatolia, así como a la pequeña parte europea de Constantinopla (Estambul). Perdió todos sus territorios de Oriente Próximo y Mesopotamia, y Francia y Gran Bretaña se hicieron con el control de la región y se la repartieron entre sí. Allí, las dos potencias europeas organizaron «protectorados», dos esferas de influencia separadas, algo que, en retrospectiva, contribuyó aún más al aumento de las tensiones en la región durante el resto del siglo XX. El Imperio otomano se restableció formalmente como República de Turquía tras la Conferencia de Paz de París.

Este fue el panorama político que surgió de las cenizas de la Primera Guerra Mundial. Cambió por completo Europa, con cuatro imperios menos de los que había en 1914: el Imperio alemán era ahora la República de Weimer; Austria-Hungría se había dividido en múltiples naciones más pequeñas, incluidas las repúblicas separadas de Austria y Hungría; Turquía sustituyó al Imperio otomano; y, por último, la Revolución rusa de 1917 había visto cómo el Imperio ruso se reorganizaba como Estado soviético. Se había establecido un nuevo orden mundial, con fronteras estatales claramente definidas y reconocidas internacionalmente que, en la mayoría de los casos, coincidían con las fronteras nacionales de los distintos pueblos. El nacionalismo y la libertad habían triunfado, un resultado que parecía inevitable incluso antes del comienzo de la guerra.

Conclusión

Se suponía que la Sociedad de Naciones conduciría al nuevo mundo a un periodo de paz y prosperidad. Aunque la misión de esta primera organización intergubernamental era noble y respetable, como demostraría el tiempo, no lograría alcanzar sus objetivos. La Sociedad de Naciones no podía ejercer un control firme sobre las acciones de las naciones soberanas, que seguían movidas por el interés propio y perseguían sus objetivos nacionales en lugar de lo que era mejor para la comunidad internacional. Otros miembros de la Sociedad de Naciones observaban a estos Estados desde la distancia, reacios a intervenir en múltiples ocasiones y reafirmar el dominio de la organización. Así, con el tiempo, la Sociedad de Naciones perdió su papel y su importancia. Un mundo pacífico y próspero, construido sobre la cooperación y el entendimiento mutuo tal y como lo percibía el presidente Wilson, se vio desafiado por actores individuales que destruyeron la credibilidad de la organización. La incapacidad de la Sociedad de Naciones para actuar acabó manifestándose en la Segunda Guerra Mundial, que estalló solo veintiún años después del final de la Primera Guerra Mundial.

La Gran Guerra había causado una destrucción sin precedentes, con unos cuarenta millones de bajas en ambos bandos. Se perdieron unos diez millones de civiles en todo el mundo, además de aproximadamente el mismo número de militares. Aunque es difícil saber el número exacto de personas cuyas vidas se vieron afectadas por la guerra, al observar los estados de posguerra de los beligerantes queda claro que los efectos de la guerra duraron años. Los soldados que sobrevivieron a los incesantes combates en el frente sufrieron ansiedad, estrés postraumático y otros problemas psicológicos. Vivir en condiciones tan duras durante meses y meses, bajo la amenaza del bombardeo constante de la artillería enemiga y en trincheras embarradas, abarrotadas y con escasos suministros, sin duda había hecho mella en los supervivientes. Al regresar de la guerra a sus hogares, tuvieron que atravesar kilómetros de terreno destruido y cientos de ciudades en ruinas.

Al final, la Primera Guerra Mundial solo se convirtió en «la Primera» tras los acontecimientos de la década de 1940, en los que el mundo volvió a sumirse en la confusión, aunque la Segunda Guerra Mundial fue mucho más catastrófica. La Primera Guerra Mundial no «puso fin a todos los conflictos», como muchos habían predicho, incluidos los vencedores. Lo que surgió de las ruinas fue un sistema global más complejo, en el que los ganadores de la guerra disfrutaron de diversos privilegios, mientras que los perdedores fueron aislados a propósito y se los hizo sentir culpables de los problemas del mundo.

Las naciones victoriosas intentaron promulgar políticas que mantuvieran la paz y la estabilidad durante el periodo de recuperación, pero sus esfuerzos fueron en vano, ya que el orden internacional formado inmediatamente después de la Primera Guerra Mundial solo se mantendría durante treinta años. Sus esfuerzos fracasaron terriblemente, y el rápido colapso del mundo en otra guerra mundial en 1939 hizo que todo el mundo reconociera que el paradigma adoptado después de 1918 era fundamentalmente defectuoso. Se había basado en la redistribución del poder a expensas de millones de personas que vivían en las naciones derrotadas. El sufrimiento de los perdedores fue explotado eficazmente por los ganadores, pero nadie previó que sus esfuerzos darían lugar a otro conflicto que eclipsaría a la Primera Guerra Mundial en casi todos los sentidos.

Vea más libros escritos por Enthralling History

LOS CABALLEROS
TEMPLARIOS
UNA HISTORIA APASIONANTE DEL AUGE Y LA CAÍDA
DE LA ORDEN MILITAR CATÓLICA MÁS INFLUYENTE

ENTHRALLING HISTORY

Fuentes

Mann, Tara. *World War I*, edited by Jacob Steinberg, Rosen Publishing Group, 2016. *ProQuest eBook Central*, https://ebookcentral.proquest.com/lib/jacob/detail.action?docID=4573489

Rajczak, Nelson, Kristen. *World War I*, Cavendish Square Publishing LLC, 2021. *ProQuest eBook Central*, https://ebookcentral.proquest.com/lib/jacob/detail.action?docID=6710737

Gagne, Tammy. *World War I Technology*, ABDO Publishing Company, 2017. *ProQuest eBook Central*, https://ebookcentral.proquest.com/lib/jacob/detail.action?docID=5263040

50MINUTES. *World War I: Part Two: 1915-1917: Stalemate*, Lemaitre Publishing, 2017. *ProQuest eBook Central*, https://ebookcentral.proquest.com/lib/jacob/detail.action?docID=4815644

Williamson, Samuel R. "The Origins of World War I". *The Journal of Interdisciplinary History*, vol. 18, no. 4, 1988, pp. 795-818. *JSTOR*, https://doi.org/10.2307/204825

Van Evera, Stephen. "The Cult of the Offensive and the Origins of the First World War". *International Security*, vol. 9, no. 1, 1984, pp. 58-107. *JSTOR*, https://doi.org/10.2307/2538636

Kaiser, David E. "Germany and the Origins of the First World War". *The Journal of Modern History*, vol. 55, no. 3, 1983, pp. 442-74. *JSTOR*, http://www.jstor.org/stable/1878597

Gompert, David C., et al. "Woodrow Wilson's Decision to Enter World War I, 1917". *Blinders, Blunders, and Wars: What America and China Can Learn*, RAND Corporation, 2014, pp. 71-80. *JSTOR*, http://www.jstor.org/stable/10.7249/j.ctt1287m9t.13

Crook, Paul, and David Paul Crook. *Darwinism, War and History: The Debate over the Biology of War from the "Origin of Species" to the First World War.* Cambridge University Press, 1994.

Hart, BH Liddell. *A History of the First World War.* Pan Macmillan, 2014.

Horne, John. "The Global Legacies of World War I". *Current History,* vol. 113, no. 766, 2014, pp. 299–304. *JSTOR,* http://www.jstor.org/stable/45388568

Chamberlin, William Henry. "The First Russian Revolution". *The Russian Review,* vol. 26, no. 1, 1967, pp. 4–12. *JSTOR,* https://doi.org/10.2307/126860

Wade, Rex A. *The Russian Revolution, 1917.* Vol. 53. Cambridge University Press, 2017.

Yeh, Puong Fei. "The Role of the Zimmermann Telegram in Spurring America's Entry into the First World War". *American Intelligence Journal* 32.1 (2015): 61-64.

Schindler, John. "Steamrollered in Galicia: The Austro-Hungarian Army and the Brusilov Offensive, 1916". *War in History,* vol. 10, no. 1, 2003, pp. 27–59. *JSTOR,* http://www.jstor.org/stable/26061940

John A. C. Conybeare, and Todd Sandler. "The Triple Entente and the Triple Alliance 1880-1914: A Collective Goods Approach". *The American Political Science Review,* vol. 84, no. 4, 1990, pp. 1197–206. *JSTOR,* https://doi.org/10.2307/1963259

Morgan, Elizabeth, and Robert Green. *World War I and the Rise of Global Conflict,* Greenhaven Publishing LLC, 2016. *ProQuest eBook Central,* https://ebookcentral.proquest.com/lib/jacob/detail.action?docID=5538452

Baldwin, Faith, and Stig Förster. *The Treaty of Versailles: A Reassessment after 75 Years.* Cambridge University Press, 1998.

Lu, Catherine. "Justice and Moral Regeneration: Lessons from the Treaty of Versailles". *International Studies Review,* vol. 4, no. 3, 2002, pp. 3–25. *JSTOR,* http://www.jstor.org/stable/3186461